JN065883

# これからの
# 理科教育は
# どうあるべきか

編著　久保田善彦

東洋館出版社

# はじめに

　「子供たちが，成人して社会で活躍する頃には，我が国は厳しい挑戦の時代を迎えている」

　これは，「学習指導要領（平成29年告示）解説　総則編」の冒頭の文章です。学習指導要領の告示から数年後の現在（2023年）はどうでしょう。生産年齢人口の減少に伴う社会の変化，新型コロナウイルス感染症（COVID-19）によるパンデミック，温暖化から地球沸騰化の時代と言われる異常気象，生成AIの飛躍的な進化など，これまで誰も予想していない出来事，想定を越える出来事が立て続けに押し寄せています。まさに，予測困難な時代（VUCA時代）が到来しています。つまり，「子どもたちが成人して社会で活躍する頃」ではなく，まさに【今】が，「厳しい挑戦の時代」なのです。それは我が国に限ったことではありません。世界中の人々が，厳しい挑戦の時代を共に生きています。

　本書は，皆さんと一緒に，このような急激な変化に，「理科教育」はどのように対応すべきかを考えるための一冊です。

　予測困難な現代社会を生き抜くために，「問題解決」の力は必須でしょう。これは特に理科が大切にしてきた不易なテーマです。本書では，理科学習の現状と課題を踏まえ，これからの時代に求められる新たな問題解決の在り方について検討します。さらに，その問題解決を支える理論や実践として，ウェルビーイング，メタ認知と自己調整学習，「個別最適な学び」と「協働的な学び」，STEM／STEAM教育，SDGs，ダイバーシティ，科学メディアリテラシーなどを取り上げます。時代が大きく変わるときには，本質を問い直すことも大切です。本書を読み進めながら，これからの指導法や教材の在り方を検討するだけでなく，理科教育は「何のためにあるのか」という本質に迫ることができれば幸いです。

以下は，皆さんと検討したい各章の趣旨です。

第1章

　予測困難な現代社会を生き抜くには，「問題解決」の力が必須になります。理科教育において問題解決は，これまでもこれからも大切なテーマでしょう。そこで第1章は，問題解決の力の現状と課題および教師の関わりを踏まえ，新たな問題解決の在り方について検討します。

第2章

　OECDは教育の目的を「個人のウェルビーイングと社会のウェルビーイングの2つを実現することである」と定義しています。現行の学習指導要領では「よりよい社会や幸福な人生を切り拓いていくためには，主体的に学習に取り組む態度も含めた学びに向かう力」が必要であり，それらは「メタ認知」に関わる力を含むとしています。そこで，第2章は，理科学習においてウェルビーイングをどのように捉えればよいのかを考えるとともに，ウェルビーイングや学びに向かう力に関わるメタ認知と自己調整，「自然を愛する心情」，「主体的に学習に取り組む態度」に関わる評価の現状と今後の在り方を検討します。

第3章

　未来の社会を見据え，子どもの資質・能力を育成するためには，「個別最適な学び」と「協働的な学び」の一体的な充実の観点から学習活動をデザインすることの必要性が叫ばれています。さらに，GIGAスクールで学校教育の基盤ツールとなったICTの活用が，それらを加速させています。そこで，第3章は，「個別最適な学び」と「協働的な学び」の一体的な充実に向けた考え方，ICTを活用した学習の現状と今後の在り方を検討します。

第4章

　現代社会の問題解決には，単一学問に限定されない知恵が必要になります。そこで第4章は，理科教育のつながりと広がりについて考えます。これまでも理科は他教科・他分野と横断する学びを展開してきました。その接続を発展させた探究的・創造的な学びとして，STEM／STEAM教育があります。また，SDGsは理科と社会をつなぐ重要なキーワードです。さらに，性別や人種にとらわれない理科教育には，ダイバーシティの視点が不可欠です。コロナ禍に代表されるように，メディアに流れる科学ニュースを正しく読解するためには科学メディアリテラシーを考える必要があります。

　各章の概要からおわかりのように，本書には，近未来を見据えた理科の授業改善に関わる新たなアイディアや学習方法をたくさん詰め込みました。読者の皆さんの発想が一層膨らむことを期待しています。

久保田善彦

# これからの理科教育はどうあるべきか

第4章 **つながる理科・広がる理科** ····························· 101

第 1 章

# 問題解決の
# これまでとこれから

# 1

## 全国学力・学習状況調査に見る
## 問題解決のこれまでとこれから

　学習指導要領は，教育課程の在り方について，その基準を定めるものです。一方で，全国学力・学習状況調査は，教育指導の課題を把握・分析し，改善・充実を図ることを目的に実施されているものです。この両者の関係は，学習指導を考える際の「入口」と「出口」の関係にあるといえます。

　本節では，「出口」である全国学力・学習状況調査の問題作成の趣旨や枠組みと，「入口」である学習指導要領が求める資質・能力との関係を整理しながら，実際の調査問題を通してこれからの問題解決を展望します。

### 1 調査問題の基本的な枠組み

#### (1) 調査問題の枠組みの変遷

　全国学力・学習状況調査の調査問題は，学習指導要領が目指す資質・能力を踏まえ，教育委員会や学校に対して授業改善の具体的なメッセージとして示すものとなるように作成されています。平成31年度（令和元年度）以降の調査では，それまでの「主として『知識』に関する問題」と「主として『活用』に関する問題」に区分するといった整理を見直して，一体的に調査問題を構成することになりました。これは，資質・能力の1つの柱である「知識及び技能」では，学習活動を通して獲得した新たな知識が既有の知識及び技能と関連付けられることによって，概念として深く理解し，他の学習や生活の場面でも活用できるような確かな知識として習得することを求めており，「知識」自体に「活用」の要素が含まれるようになったことを受けての変更といえます。

　また，「思考・判断・表現」に関わる出題では，それまでの「適用」「分

析」「構想」「改善」の4つの枠組みから，「分析・解釈」「構想」「検討・改善」の3つの枠組みとなりました。従来の「適用」については，獲得した知識・技能を実際の自然や日常生活に活用できるかどうかを問うもので，学習指導要領で求めている「知識及び技能」に当たることから，「思考・判断・表現」から「知識・技能」での出題へと変更されました。

　このような変更の経緯からも，調査問題の枠組みと学習指導要領で求める資質・能力が連動しているといえます。

## (2)　調査問題の枠組みと学習指導要領における資質・能力の関係

　「知識」を枠組みとする問題は，「エネルギー」「粒子」「生命」「地球」を柱とした内容における知識を理解しているかどうかを問うものです。事実的な知識を身に付けているか，獲得した事実的な知識を既有の知識と関係付けたり活用したりする中で，他の文脈で活用できる程度に概念等を理解しているかを見ます。この枠組みは，「知識及び技能」のうちの「知識」に関わるものです。

　「技能」を枠組みとする問題は，上述の知識を獲得するために必要な観察，実験などに関する基本的な技能を習得しているかどうかを問うものです。器具や機器などの名称を理解していることや，器具や機器などを適切に選択し，正しい扱い方を身に付けているかを見ます。また，観察，実験などの過程や結果を適切に記録，整理したり，処理したりすることができるかという点も見ます。この枠組みは，「知識及び技能」のうちの「技能」に関わるものです。

　「分析・解釈」を枠組みとする問題は，自然の事物・現象への働きかけから得られた様々な情報について，変化の要因や判断の根拠を見いだすことや，観察，実験などの結果について，その傾向を見いだしたり，考察したりすることができるかを問うものです。自然の事物・現象について，視点をもとに分析して解釈し，そこから得た差異点や共通点などをもとに問題を見いだすことや，観察，実験などから得られた結果について，解決する問題や仮説などをもとに分析して解釈し，結論を導き出したり，推論したりするなど，自分の考えをもつことができるかを見ま

す。この枠組みは，資質・能力の1つの柱である「思考力・判断力・表現力等」のうち，「問題を見いだす力」や「観察，実験などの結果を分析して解釈する力」に関わるものです。

「構想」を枠組みとする問題は，見いだした問題を解決するために，自然の事物・現象に影響を与える要因を予想し，どの要因が影響を与えるのかを調べる方法を考えることや，予想が確かめられた場合に得られる結果を見通すことができるかを問うものです。解決可能な課題を設定して根拠のある予想や仮説を発想したり，解決の方法を発想したりするなど，問題を解決するまでの道筋を構想して自分の考えをもつことができるかを見ます。この枠組みは，「思考力・判断力・表現力等」のうち，「予想や仮説を発想する力」や「解決の方法を発想・立案する力」に関わるものです。

「検討・改善」を枠組みとする問題は，自分が判断した理由やそれを支える証拠に立脚しながら主張したり，自分とは異なる他者の考えなど多様な視点からその妥当性や信頼性を吟味したりすることによって，自分の考えや他者の考えを批判的に捉え，多様な視点から見直すことや，探究の過程や方法を評価することができるかを問うものです。問題解決の各過程における自分の考えや他者の考えについて，検討して改善し，その考えをより科学的なものに変容させるなど，自分の考えをもつことができるかを見ます。この枠組みは，「思考力・判断力・表現力等」のうちの「より妥当な考えをつくりだす力」に関わるものです。

## 2 調査結果から明らかになった課題

### (1) 「知識及び技能」に関する課題

前述のとおり，「適用」の枠組みの問題は，獲得した新たな知識が，他の学習や生活の場面でも活用できるような確かな知識として習得できているかどうかを見る問題であり，「知識」について測ることができます。

平成27年度に実施された小学校調査問題大問②(5)は，「適用」の枠組みの問題です。この問題は，植物の適した栽培場所について，成長の様子と日光の当たり方を適用させることができるかを問うものです。第3

(5) よし子さんたちの学年では、1組と2組が同時にインゲンマメ（つるなし）とヒマワリの種子を学校の畑にまくことにしました。
下の観察記録は、よし子さんが過去にインゲンマメとヒマワリをそれぞれ育てたときの草たけの変化を記録したものです。

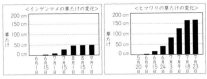

これらの観察記録から、インゲンマメとヒマワリの種子を学校の畑のどの場所にまくと、**成長するまでインゲンマメとヒマワリの両方に日光がよくあたる**と考えられますか。下の **1** から **4** までの中から **1つ選んで**、その番号を書きましょう。また、その番号を選んだわけを書きましょう。

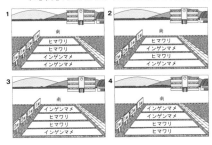

**平成27年度 小学校調査問題　2(5)**

(4) としおさんは、砂糖水をつくるために、水100 mLを右のような器具を使ってはかりとることにしました。
としおさんが使った**器具の名前**を書きましょう。

(5) (4)の器具を使って水を正しくはかりとっているのはどれですか。下の **1** から **4** までの中から **1つ選んで**、その番号を書きましょう。

としおさんが使った器具

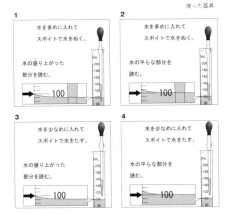

**平成27年度 小学校調査問題　3(5)**

学年で学習した「日陰の位置と太陽の位置の変化」と第4学年で学習した「植物の成長と季節」について獲得した知識を、実際の生活場面で適用する力を求めています。

調査の結果、正答である選択肢4を回答した児童の割合は49.9％で、選択した理由を正答の条件を満たして書くことができた割合は44.4％でした。この結果から、学習で獲得した複数の知識を関連付けて、実際の生活に当てはめて用いることに課題があるといえます。

平成27年度に実施された小学校調査問題大問3(5)は、「技能」の枠組みの問題です。この問題は、メスシリンダーで一定量の水を測り取る適切な方法を身に付けているかどうかを問うものです。

調査の結果、正答である選択肢4を回答した児童の割合は、51.8％でした。誤答として最も多かったのは選択肢2で、21.0％でした。これは、教科書に記載されている目盛りの読み取り方については理解している一方

で，メスシリンダーで水を測り取る際に必要な技能として，水の量を調整するためのスポイトの扱いについては理解できていない児童の割合が多いということを意味しています。スポイトの先を水の中に入れると，その分だけ水面が上がってしまうことを理解できていない状況が推察されます。この結果から，観察や実験で必要な器具の操作について，教科書上での理解だけではなく，実際に操作しながら，その操作の意味を捉えることが重要であるといえるでしょう。

## (2)「思考力・判断力・表現力等」に関する課題

　令和4年度に実施された小学校調査問題大問[1](5)は，「分析・解釈」の枠組みの問題です。この問題は，観察などで得た結果を他者の気付きの視点で分析して解釈し，自分の考えをもつことができるかを問うものです。調査の結果，正答である選択肢3を回答した児童の割合は65.6%でした。この結果から，気付いたことをもとに，表を分析して解釈し，適切な問題を見いだす力に課題があるといえます。本問のように，観察

9月になり，ひろしさんたちは，ほかにも調べていたこん虫を下の表のように4つのグループに分けました。

主な食べ物については，「植物」と「動物」で分けたよ。

ひろしさん

〈こん虫の育ち方と主な食べ物〉

| 主な食べ物 | | 育ち方 | |
|---|---|---|---|
| | | さなぎになる | さなぎにならない |
| 植物 | | 1 モンシロチョウ<br>幼虫：キャベツの葉など<br>成虫：花のみつなど | 2 ショウリョウバッタ<br>幼虫：ススキの葉など<br>成虫：ススキの葉など |
| 動物 | | 3 ゲンゴロウ<br>幼虫：イトミミズなど<br>成虫：イトミミズなど | 4 シオカラトンボ<br>幼虫：イトミミズなど<br>成虫：ハエなど |

(4) ひろしさんたちは，飼育したことがあるこん虫のカブトムシも，左の表に加えたいと考えています。カブトムシは，どこに加えればよいですか。下の〈資料〉をもとに，左の表の 1 から 4 までの中から1つ選んで，その番号を書きましょう。

| | 〈資料〉 | | | |
|---|---|---|---|---|
| カブトムシの育ち方 | ○ | | | |
| 主な食べ物 | 食べない | 落ち葉など | 食べない | 木のしる（樹液）など |

(5) ひろしさんたちは，左の表に，さらに調べたこん虫を加えているときに，次のことに気づきました。

【気づいたこと】
・幼虫のときにも，成虫のときにも，植物を食べるこん虫がいた。
・幼虫のときにも，成虫のときにも，動物を食べるこん虫がいた。
・表のこん虫以外で，成虫のときに植物も動物も食べるこん虫がいる。

ひろしさんは，【気づいたこと】をもとに，【問題】を見つけ，解決していくことにしました。どのような【問題】を見つけましたか。下の 1 から 4 までの中から最も適切なものを1つ選んで，その番号を書きましょう。

1　表のこん虫以外で，さなぎになるこん虫は，いるのだろうか。
2　モンシロチョウの幼虫は，キャベツの葉を食べるのだろうか。
3　表のこん虫以外で，幼虫のときに植物も動物も食べるこん虫は，いるのだろうか。
4　なぜ，ゲンゴロウの幼虫や成虫は，動物を食べるのだろうか。

令和4年度 小学校調査問題　[1](5)

の結果や実際の生活経験で起こりうる未知の内容に出合ったときに、その内容を的確に理解し、それを自分の知識や経験と結び付けて解釈することが大切です。そして、既習の内容や生活経験で獲得した知識を当てはめてその内容を解釈しようとしたときに、解釈できない状態をモニタリングし、次の行動として、問題を見いだし、予想や仮説を発想して解決していこうと自らをコントロールする態度が大切です。このような次の活動につながる問題を見いだす力や予想や仮説を発想する力は、その後の主体的な問題解決の原動力になります。モニタリングとコントロールに関わるメタ認知と自己調整の詳細は、2章2を参照してください。

　令和4年度に実施された中学校調査問題大問[2](3)は、「検討・改善」の枠組みの問題です。この問題は、飛行機雲の残り方を探究する学習場面において、地上の観測データを用いて考察を行った他者の考えについて、検討して改善できるかを問うものです。

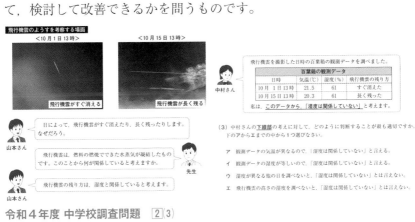

**令和4年度 中学校調査問題　[2](3)**

　調査の結果、正答である選択肢エを回答した生徒の割合は28.6%でした。飛行機雲の残り方に関する考察の妥当性を検討するには、雲が発生する高さでの観測データが必要であることを考慮していない生徒の割合が高いと考えられます。

　科学的により妥当な考えをつくり出すためには、本問のような考察の妥当性の検討のみならず、学習問題と予想や仮説の整合性、仮説と解決の方法の整合性、観察や実験の結果と考察の整合性、学習問題と考察の

整合性が担保されているかを自ら振り返り，探究の過程や方法を評価し必要な改善をしながら探究の過程をたどっていくことが大切です。

## 3 課題を解決するための授業改善

　全国学力・学習状況調査の解説資料や報告書では，出題の趣旨，分析結果と課題の整理，指導改善の視点に加えて，解答類型を示しています。解答類型は，一人一人の子どもの具体的な解答状況を把握することを目的として，設定する条件などに即して解答を分類，整理するためのものです。単に正誤だけではなく，子ども一人一人がどこでつまずいているのかといった誤答の状況に着目した学習指導の改善・充実を図る際に活用できます。

　平成30年度に実施された小学校調査問題大問③(2)では，調査問題に4人の児童が登場し，電気の流れ方について予想したことを述べています。そのうちの一人の児童の予想を取り上げ，その予想が確かめられた場合の実験結果を見通して，実験を構想することができるかを見る問題です。見いだした問題を科学的に解決するためには，実証性や再現性に加えて客観性を満たす必要があります。そのためには，本問のように，自分の考えと他者の考えの違いを捉え，多様な視点から自分や他者の考えを見

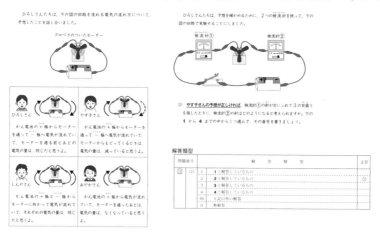

平成30年度 小学校調査問題と解答類型　③(2)

直したり振り返ったりすることが重要です。誤答として最も多かったのは選択肢4であることを，解答類型から捉えることができます。

　選択肢4は，モーターの左右で電流の向きや大きさは変わらないという，これまでの学習を通して獲得した知識をもとに結果を見通しており，既有の知識をもとに構想することができているものの，考えの異なる他者の予想に当てはめて考えることに課題があるといえるでしょう。

　学習指導要領は，「何ができるようになるのか」という観点から育成を目指す資質・能力を整理しています。この資質・能力の視点は，全国学力・学習状況調査の問題作成においても同じです。また，活用に関する問題は，事実的な個別の知識の獲得をねらいとした従来の授業観の転換につながり，多くの実践が重ねられてきました。子どもたちが未来のつくり手として必要な力を確実に備えるためには，学習指導要領と全国学力・学習状況調査を一体的に捉え，それぞれの趣旨を読み解きながら，なお一層の授業改善に向けた取り組みが求められます。

文献
国立教育政策研究所（2015）『平成27年度全国学力・学習状況調査報告書　小学校理科』
国立教育政策研究所（2018）『平成30年度全国学力・学習状況調査報告書　中学校理科』
国立教育政策研究所（2022）『令和4年度全国学力・学習状況調査報告書　小学校理科』
国立教育政策研究所（2022）『令和4年度全国学力・学習状況調査報告書　中学校理科』
文部科学省（2018）『小学校学習指導要領（平成29年告示）解説 理科編』東洋館出版社
文部科学省（2018）『中学校学習指導要領（平成29年告示）解説 理科編』学校図書
山中謙司（2019）「調査結果の変化から見える成果と課題及び授業改善の視点」日本理科教育学会
　編『理科の教育』68⑼，pp.13-15,東洋館出版社

（山中謙司）

# 2

# 問題を科学的に解決する力

　これからの理科教育に求められる「問題を科学的に解決する力」として，本節では「問いを設定する力」と「知的謙虚さ」に主に焦点を当てて述べたいと思います。これは，様々な情報が世の中に溢れ，人工知能（AI）もますます日常に入り込んでくることが想定される現代において，人間にしかできないことは何か，人間としてもっておくべき資質とは何かという視点から，これからの理科教育において特に重要となってくる「問題を科学的に解決する力」とは何かを考えたためです。両者について，それぞれの力がなぜ必要なのか，どのように育成するかについて考えていきたいと思います。

## ■1 問いを設定する力

### (1)　なぜ，問いを設定する力か

　問題を科学的に解決する力とは，一般的に，自ら問いを設定し，仮説を立て，実験を行い，そのデータを考察する力であるといえます。これらの一連の力は，これまでの理科教育においても重視され，これからの理科教育においてももちろん重視され続けると考えられます。一方で，これらの一連の力のうち，近年ますますその育成の重要性が指摘されているのが「問いを設定する力」であるといえます。これは，前述したようなAIの飛躍的な進化の影響を受けているためです。AIは私たちの生活をますます豊かにしてくれるようになりました。必要な情報を即座に私たちに提示してくれたり，収集したデータを分析してくれたりするなど，これまで人間が行っていた思考の一部を代行してくれるようになったといえます。しかしながら，このようなAIがどれだけ進化しても，その思考に目的を与えることは人間にしかできないと考えられています

（文部科学省，2018，p.1）。つまり，何が問題となっているのか，何を解決すべきかといった「問いを設定する力」は人間の最も大きな強みとなる力であると同時に，これからの理科教育においてもその育成がますます重要となります。

## (2) 「疑問」と「問い」は何が違うか

　どのように問いを設定するかを考えるにあたり，まずは「問い」という言葉について考えます。近年の理科教育に関わる研究や実践では，「問い」は意味がよく似た用語である「疑問」と区別して考えられるようになってきました。吉田・川崎（2019）によると，「疑問」とは，学習場面において新奇な事象や理解し難い事象に遭遇した際に生じる知的な葛藤のことを指し，問題解決が開始される初期の心理状態になることで生成するものとされています。一方，「問い」とは，「疑問」を設定すべき仮説や計画すべき観察・実験を方向付ける探究の見通しを含む形にしたものであると整理されています。難しい言葉が続いたので，具体例を挙げながら考えてみましょう。

　「疑問」とは，「なぜ」という疑問詞に代表されるいわゆる「わからなくてモヤモヤする」「できなくてモヤモヤする」のような心理状態のときに生じるものです。例えば，「なぜ，時間がたつと，かげの向きがかわるのか」といったものが挙げられます。そして，例えば，「なぜ」という疑問に答えるためには，少なくとも1セットの「何が」（太陽が）という疑問詞と「どのように」（時間の経過とともに動くから）という疑問詞に答えなければなりません。つまり，疑問のままでは，「何が」に着目して考えればよいのか，「どのように」に着目して考えればよいのかが曖昧なため，子どもはまだ科学的な問題解決をスタートすることができません。このため，このような疑問を何に着目して考えていけばよいのかの見通しが明確になった「問い」に変換する必要があります。このときの問いでは，例えば，「時間がたつと，かげの向きがかわるのは，太陽の向きがかわっているからではないか」といったものが考えられます。このような問いになると，子どもはようやく時間によって太陽の向きが

変わるかどうかを考えていけばよいということが明確になり，その後の問題解決をスタートすることができます。

## (3) 問いを設定する力をどのように育成するか

　では，このように疑問を問いに変換できるようにするために，つまり，問いを設定する力を育成するために，どのようにすればよいのでしょうか。これまで子どもに問いを設定させるとき，一般的には「疑問」→「問い」→「仮説」という順序で授業を行い，子どもが疑問を見いだした後に，教師が問いを設定するように促していました。しかしながら，このような順序で問いを設定させようとしても，現実には，子どもの力だけだと，抽象的なものや疑問をそのまま示したものが問いとして設定されたり，最終的には教師が問いを設定したりするなど，問いを設定する力が十分に育成されてこなかったといえます。このような課題について，近年の研究成果によって，「疑問」→「仮説」→「問い」の順序で問いを設定させることが，問いを設定する力の育成には有効であることが明らかになりました（川崎・吉田，2021）。具体的には，例えば，「なぜ，時間がたつと，かげの向きがかわるのか」という疑問が見いだされた後に，仮説を子どもに発表させたり，子ども同士で仮説について議論させたりします。このようにすることで，「かげは太陽の光がさえぎられるとできる」「太陽の向きがかわっているからではないか」といった議論が行われ，追究すべき対象が明確になっていきます。そして，その後，教師が問いの設定を促すことで，子ども自ら「時間がたつと，かげの向きがかわるのは，太陽の向きがかわるからなのか」といった問いを設定することができるようになります。また，子どもは，よい問いとは何か，問いの設定の仕方など，問いに関する知識が不足しています。「疑問」→「仮説」→「問い」の順序で問いを設定することに加えて，問いに関する知識を子どもに直接教えることが有効であることも明らかになっています（川崎・吉田，2021）。

## 2 知的謙虚さ

### (1) 知的謙虚さとは

　近年の理科教育において，科学的に問題を解決していく中で必要とされるようになってきた資質の一つとして「知的謙虚さ（intellectual humility）」が挙げられます。知的謙虚さとは，自分は何を知っているか，自分は何を知らないのかといった自分の知的な限界を認識し，自分自身の考えを常に修正し続けようとする態度であるといえます。そして，知的に謙虚な人は，知的な意見の相違に脅威を感じず，自分の知識に過大な自信をもたず，他者の視点を尊重し，正当な理由があれば自分の視点を修正することに前向きである特徴をもつとされています（Krumrei-Mancuso & Rouse, 2016）。このような知的謙虚さはフェイクニュースやデマなどを含む多様な情報が溢れる現代社会の中で，妥当な意思決定を行ったり，科学的な問題解決を行ったりする際に重要な資質として働くことが期待され（e.g., Osborne, 2023），その育成については，理科教育が重要な役割を果たすと考えられています（e.g., Lapsley & Chaloner, 2020）。フェイクニュースなども含めた科学ニュースの読解については，4章4を参照してください。

　また，近年になって，理科における知的謙虚さが3つの構成概念に整理できることも明らかにされてきました（雲財・川崎, 2023）。これを表したのが表1です。しかしながら，知的謙虚さは，2010年頃から盛んに研究されるようになってきた比較的歴史の浅い概念であるため，その育成については，まだまだ研究や実践の蓄積が求められているという現状があります。

表1　理科における知的謙虚さ
（雲財・川崎（2023）から抜粋）

| 因子名 | 操作的定義 |
|---|---|
| 一般化への慎重さ | 実験結果から一般化を行うときに慎重であろうとする傾向 |
| 開放性 | 正当な理由があれば，他の意見を受け入れ，自分の意見を変更することにためらいがない傾向 |
| 知性と自我の独立 | 自分の意見と感情を分けて考えることができる傾向 |

## ⑵　知的謙虚さをどのように育成するか

### ①知的謙虚さとモデリング

　理科に限らず，教科の授業における知的謙虚さの育成に関する研究は十分に進んでいるわけではありません。そのような中でも，川崎・中山・雲財（2017）と川崎・雲財・中山（2022）の実践研究の成果から，知的謙虚さの育成においては，自分の考えや実験を通して構築した主張（仮説や暫定的な結論）を何度も見直し，よりよい主張をつくり出そうとする継続的な学習活動が有効であることが示唆されています。つまり，一度の実験や１時間の授業で問題解決を完結させるのではなく，単元を通して，あるいは複数の実験や数時間の授業を通して，一貫して自身の主張に何度も立ち戻り，その主張に対して評価，修正を繰り返していくことが知的謙虚さの育成に重要であると考えられているということです。そして，このような学習活動は「モデリング」（雲財，2022）と呼ばれ，理科教育における重要な学習活動として近年注目を集めています。

　モデリングとは，モデル（仮説）の構築，評価，修正によって展開される，理科教育における新たな学習モデルであるといえます。この学習の特徴は，一度構築したモデルに対し，何度も繰り返し評価，修正を行いながら，よりよいモデルをつくり出そうとする活動が中心となります。では，このようなモデリングの授業によって，どのような知的謙虚さが育成されるのでしょうか。

### ②小学校第５学年「もののとけ方」の実践事例から

　川崎ら（2017）は，小学校第５学年「もののとけ方」において，次のような学習を行っています。まず単元のはじめに，演示実験として水50mLとエタノール50mLを混ぜ，その混合液がおよそ98mLになる現象を提示し，なぜ両者を混ぜた後の体積が100mLではなく98mLになるか，その現象の理由について児童それぞれに仮説を発想させています。このとき，実践では計５種類の仮説が発想されましたが，ここでは，単元全体（計12時間）を通して検討され続けることになった，代表的な２種類の仮説（モデル）である「粒すきま説」「粒吸収説」を主に取り上げます。

「粒すきま説」とは，水とエタノールをそれぞれ粒で表し，一方の粒と粒の隙間に他方の粒が入り込んだ結果，体積が減少したという考え，「粒吸収説」とは，一方の粒の中に他方の粒が入り込んだ（吸収された）結果，体積が減少したという考えのことを指します。

　そして，この学習以降の時間において，エタノールを食塩とミョウバンに代えて，重さを測る実験や，温度を上げたり水の量を増やしたりして食塩やミョウバンがとける量を調べる実験など，複数の実験を重ねる中で，どちらの仮説の方がよいか，何度も仮説に立ち戻り，仮説の棄却，修正，選択をしています。そして，最終的に図1に示す「粒すきま・動き説」という，「粒すきま説」の考えに対して，温度が上がることによって粒が動き出してすきまが増え，ものがとける量が増えるという考えが加わった仮説に修正されました。そして，この仮説がクラスの中で最も支持されることになりました。図2は，ある児童が各授業の最後に，自分が最も支持する仮説を選択した後，その仮説と他の仮説が正しいと思う自信度をそれぞれグラフに表したものです。このグラフから，継続的に複数の仮説を比べながら仮説を選択したり，途中で「粒すきま説」

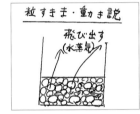

図1　粒・すきま動き説

を「粒すきま・動き説」に修正したりしている様子がわかります。そして，何度も自分と他者の意見を比較したり，自分の意見を見直したりする活動が展開されることによって，「他者の意見や，話し合いのおかげで自分の考えを見直したり，よりよい考えに変えたりすることができた」といった感情が喚起され，知的

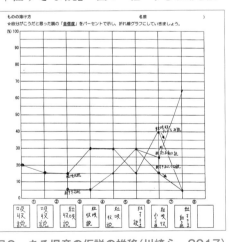

図2　ある児童の仮説の推移（川崎ら，2017）

謙虚さの中でも主に「開放性」が育成されたことが報告されています。

### ③小学校第6学年「てこの規則性」の実践事例から

川崎ら（2022）は，小学校第6学年「てこの規則性」において，次のような学習を行っています（表2）。単元途中で児童が発見した「てこの規則性」について，様々な条件（支点が端にある場合，不均一な棒やおもりの場合など）を与えながら，てこの規則性が成り立つ／成り立たない条件を繰り返し検討しています。具体的には，第6時（支点が端にあっても，……）においては，図3に示すような実験器具を用いたり，第10・11時（不均一なおもりであっても，……）においては，右のうでに図4のようなL字型にした針金や，他にも星型，ハート型，階段型などの形にした針金を吊るしたりしながら，規則性が成り立つかを検討しています。このように，一度発見した規則性に対し，他の条件で成り立つかという視点から検討を繰り返します。「不均一なおもり」という条件のときに，規則性が成り立たない場合があることに気付くことによって，規則性の過度な一般化を避け，規則性に条件を付けることの重要性を理解しました。その結果と

表2　実践の流れ
（川崎ら（2022）から抜粋）

| 時 | 学習課題 |
| --- | --- |
| | 第1〜5時は省略 |
| 6 | 支点が端にあっても，てこの規則性は成り立つのだろうか。 |
| 7・8 | 細かい値であっても，てこの規則性は成り立つのだろうか。 |
| 9 | 不均一な棒であっても，てこの規則性は成り立つのだろうか。 |
| 10・11 | 不均一なおもりであっても，てこの規則性は成り立つのだろうか。 |

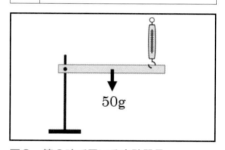

図3　第6時で用いる実験器具

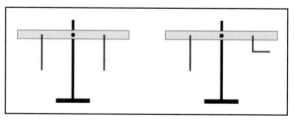

図4　第10・11時で用いる実験器具

して，知的謙虚さの中でも主に「一般化への慎重さ」が育成されたことが報告されています。

　以上のような学習が知的謙虚さの育成に有効であることがわかっている一方で，前述したように，知的謙虚さの育成についてはまだまだ研究が蓄積されていません。このため，モデリングの授業であれば，どんなモデリングでも知的謙虚さが育成されるのかはまだわかっていません。また，他にも有効な方法がこれから開発されると思います。いずれにせよ，子ども自身が知に対して謙虚に向き合うような学習を行うことが，これからの理科教育に求められています。

謝辞
　東海大学の雲財寛氏には，本稿の執筆に対し多大な助言をいただいた。ここに記して謝意を表す。

文献
角屋重樹（2019）『改訂版 なぜ，理科を教えるのか：理科教育がわかる教科書』文溪堂
川崎弘作・中山貴司・雲財寛（2017）「「理論」の構築過程に基づく小学校理科学習指導に関する研究―粒子領域固有の認識方法の獲得と人間性の育成に着目して―」『日本教科教育学会誌』40(3)，pp.47-58.
川崎弘作・吉田美穂（2021）「科学的探究における疑問から問いへの変換過程に関する思考力育成のための学習指導」『理科教育学研究』62(1)，pp.83-94.
川崎弘作・雲財寛・中山貴司（2022）「小学校理科における「法則」の構築過程に基づく学習指導による知的謙虚さの育成」『理科教育学研究』63(1)，pp.41-51.
Krumrei－Mancuso, E. J., & Rouse, S. V.（2016）. The Development and Validation of the Comprehensive Intellectual Humility Scale. *Journal of Personality Assessment,* 98(2), 209－221
Lapsley, D., & Chaloner, D.（2020）. Post－truth and science identity: A virtue－based approach to science education. *Educational Psychologist,* 55(3), pp.132-143.
文部科学省（2018）『小学校学習指導要領（平成29年告示）解説 総則編』東洋館出版社
Osborne, J.（2023）. Science, Scientific Literacy, and Science Education, Lederman, N. G., Zeidler, D. L., & Lederman, J. S.（Eds）. *Handbook of Research on Science Education Volume* Ⅲ, Routledge, pp.785-816.
雲財寛（2022）「モデリング・メタモデリング・科学的モデル」日本理科教育学会編『理論と実践をつなぐ理科教育学研究の展開』東洋館出版社，pp.208-213.
雲財寛・川崎弘作（2023）「小学校理科における知的謙虚さ尺度の開発」『科学教育研究』印刷中
吉田美穂・川崎弘作（2019）「科学的探究における疑問から問いへ変換する際の思考の順序性の解明に関する研究」『理科教育学研究』60(1)，pp.185-194.

（川崎弘作）

# 3

# 問題解決を支える評価

## 1 評価観のアップデート

　あなたは，どのような評価観をもっていますか？また，目の前の子ど
もたちはどのような評価観をもっていますか？「評価とは何か」という
質問に，どのように回答しますか？まずは考えてみてください。

　A，B，Cの評定・点数を付けるもの（付けられるもの），今後の指導
（学習）に生かすものなど，「教師が行う評価」に関する回答が多いでし
ょう。教師が行う評価に着目した評価観は根強いものがあります。それ
は決して間違いではないですが，評価の一つの側面にすぎません。

　教師と子どものもつ評価観をどちらもアップデートすることを本節の
目的とします。アップデートするための参考として，図1を見てください。

| 評価 | 目的 | 評価者 |
|---|---|---|
| 学習の評価<br>（Assessment of Learning） | 習熟度，進学，資格などに関する判定（評定） | 教師 |
| 学習のための評価<br>（Assessment for Learning） | 教師の指導・支援を決定するための情報収集,それをもとにした指導改善 | 教師 |
| 学習としての評価<br>（Assessment as Learning） | 子どもによる学習のモニタリング，自己修正，自己調整（メタ認知） | 子ども |

図1　評価のピラミッド（Earl，2013と石井，2015を参考に作成）

　評価を3つに分けて考えます。その3つとは，「Assessment □ Learning」
の□にof，for，asを入れた評価です。

　「学習の評価（of）」（以下，of）は単元の最後に行われるテスト，習熟
度の確認などの評定に関わる評価です。「学習のための評価（for）」（以

下，for）は授業中の即時的な評価や学習の途上において子どもの学習状況を見取るものであり，指導の改善に関わる評価です。「学習<u>として</u>の評価（<u>as</u>）」（以下，as）は，子どもが自己調整的な問題解決を進めるための自己評価や相互評価に関わる評価です。ofとforは教師が評価者であり，asは子どもが評価者です。

図1で最も強調したいのは，asがピラミッドの土台だという点です。子どもが行うasを土台として，その上にある教師によるforとofを行う重要性が示されています。子どもが自己評価や相互評価によりメタ認知をしながら問題解決を自己調整的に進めること（as）を基礎にして，教師が問題解決を進めている子どもの状況を見取り，適切な支援を行うこと（for）です。このようにasとforがつながることで問題解決が進み，最終的に子どもの目標達成度はどうだったのかを判断します（of）。

評価観の話に戻ります。教師が主にofに着目した評価観をもち評価をし続ければ，評価される側の子どもは，評価は点数付けされるものというネガティブなイメージをもってしまいます。また，評価する側の教師も，信頼性（客観性）が高くなければならない・説明責任を伴うといったネガティブなイメージをもってしまいます。この状態では，子どもの問題解決を支える評価を実現することはできません。

新たな評価観として，「評価は教師と子どもが共に行うものである」「評価は教師のためにも子どものためにもなるものである」を提案します。これは，asとfor，ofが関連している評価観です。

## 2 学習目標と達成規準の共有

教師の評価（for，of）と子どもの評価（as）の関連について考えます。関連させるためには，まずは教師と子どもが学習目標とそれを達成するために必要なこと（達成規準）を明確にすることが必須です。

例えば，子どもに振り返りを促したとしても，学習目標と達成規準が明確でなければ自分の学習がどうだったのかわからず，適切に振り返ることはできません。学習目標と達成規準が明確であれば，それをもとに

して自己評価と相互評価を行うことができ，自ら学習の改善を図ることができます。一方，教師も同じ学習目標と達成規準をもとにして，子どもの学習を見取れば，一人一人に応じた適切なフィードバック・支援ができます。このように学習目標と達成規準の共有は，教師の行う評価と子どもの行う評価が関連するための鍵となります。

学習目標と達成規準は，教師が子どもに一方的に提示するのではなく，教師と子どもで共同構築すると教育の効果が高まります（ハッティ・クラーク，2023）。共同構築の方法はいくつかありますが，ここでは１年間の理科授業を通して，教師と子どもが共に目標の達成のために「どのような行為・思考が必要なのか（どのような学び方がよりよいのか）」を見いだし，共有し，継続的にそれを意識して学習を進める方法を提案します。

事例として，小学校第３学年「物と重さ」の内容で，問題解決の過程における問題を見いだす活動を取り上げて説明をします[1]。この実践は１月に行われたものであり，年度初めの４月から継続的に達成規準の共有がなされてきたものです。事例の概要（学習目標と達成規準，板書，ノートの記述内容，教師と子どものやりとり）を図２に示します（渡辺，2023）。

この学級で共有されていたのは①～④の４つの達成規準です。教師と子どものやりとりの波線部分は，達成規準が表れています（①～④の番号は達成規準と対応）。このやりとりからわかるように，達成規準をもとにして学習が進められています。板書には「自分たちが実けんをして調べるとよい問題」と書かれていたり，ネームプレートを使用し個々の問題がまとめられたりしていて，学級全体の問題を見いだすようになっています。

ノートには，まず個人で考えた問題が記述され，次いで学級全体で決めた問題が記述されます。２つの比較を促せば，達成規準をもとにして自分の考えた問題を振り返る（自己評価する）ことができます。例えば，「実験で確かめられるものにできた」「『重さはかわるのだろうか』にしたけど，変わるかまだわからないから『重さはどうなるのだろうか』の方がよい」となります。教師も子どもと同じ達成規準をもとに見取るこ

**学習目標と達成基準**

【学習目標】：問題を見いだす
【達成規準】：
①比較する・疑問を出す
②実験で検証可能な問題にする
③学級全体の問題にする
④よりよい言葉を選択する

**教師と子どものやりとり**

教　師：①形を変えたときの重さに着目していて，みんなの中で意見がズレているんだね。
子ども：②実験でできるよ。
教　師：これから自分たちで②実験をして調べたい問題って何でしょう？（個人で考え，それが黒板にまとめられた）
教　師：この言葉は絶対入れた方がいいんじゃないかってのは何かありますか？
子ども：「形を変えても」は入れた方がいい。
子ども：それだったら…「形が変わると」の方がいいと思います。「も」がついているから，もう一個何か文章があるんじゃないかと思う。
教　師：「形が変わると」でいいですか？みんな，いい？この後，どうします？
子ども：重さは変わるのだろうか。
教　師：どう？いいですか？何の重さ？
子ども：アルミホイルと粘土。それだけだと…。
教　師：それだと，③みんなの意見が全部入る？
子ども：どんな物でも。
教　師：「形が変わるとどんな物でも重さが変わるのだろうか」だと，③みんなのが入りそうですか？この言葉で，これからの学級の問題にすればいいね。（板書する，少し時間を置いて）ちなみに「変わるのだろうか」でいいですか？
子ども：それだと予想が変わるになっちゃう。
教　師：どちらなのかってことですよね。「どうなるのだろうか」はどう？
子ども：「どんな」が多すぎる。
教　師：「形が変わると物の重さはどうなるのだろうか」の方がいい？
子ども：④うん，そっちの方がいい。
教　師：④よい言葉を選ぶのは大事ですね。

**板書**

**ノートの記述内容**

|自分たちが，実けんをして調べるとよい問題|
|ねんどやアルミホイルの形をかえた時，重さはかわるのだろうか。|
|形がかわると，物の重さはどうなるのだろうか。|

図2　事例の概要（問題を見いだす活動における達成規準の共有）

とで，机間指導や全体交流において適切な支援ができるのです。例えば，「比較してみてどんな疑問があったのかな」「これよりも，もっとよい言葉はないかな」などと声かけをします。

　このように教師の評価（for, of）と子どもの評価（as）が関連すれば，子どもは「評価は学習の改善につながる」，教師は「評価によって適切な支援ができる」ことを実感し，教師と子どものもつ評価観が新しいものにアップデートされることが期待できます。

　ここで取り上げたのは問題を見いだす活動における達成規準でした。問題解決の各過程で達成規準は必要です。例えば，学習目標が「根拠のある予想・仮説を発想する」とした場合，それを達成するための規準の共有が必要です。子どもが達成規準に有用性を感じ，味を占めれば，自

己調整的に問題解決を進めていくことができます。

　なお，学校の教育目標や学級目標がそれぞれ異なるように，各学級に合った達成規準はそれぞれ異なります。例えば，図2に示した④の達成規準にはこの学級らしさが表れています。目の前の子どもの発達の段階，成長の様子，実態に合ったものである必要があります。

## 3 指導の改善と柔軟な評価

　教師が行う評価であるofとforの関連について考えます。そのために，forを取り上げて説明しましょう。

　子どもの考えを見取ることは，身長や体重を測定するほど簡単ではありません。子どもの行動や表現から，心の奥底にもっているものを合理的に推論する必要があります。それを目指す評価が，forです。

　forを行うための評価のモデルとして図3を取り上げます。「評価の三角形（the assessment triangle）」（National Research Council, 2001）と呼ばれるものです。「認知」「観察」「解釈」の3つの要素で構成されています。暗黙的に行われる要素もありますが，どれも省略はできません。

　この評価の三角形をもとにして小学校第6学年「水溶液の性質」を実践した概要を図4に示します（渡辺，2021）。図4で示した理科授業の具体的な内容[2]も踏まえ，評価の三角形の3つの要素それぞれを説明します。

　「認知」は，子どもがどのように資質・能力を高めていくかに関する理論や仮説です。この理論や仮説について，教育評価の研究では「ラーニング・プログレッションズ（LPs：learning progressions）」に焦点が当てられています。子どもがどのように学習を進めていくのかが示された学習モデルのことです。LPsには多様な定義や解釈があります。そのため，理科授業を実践する際には，資質・能力の育成および問題解決を進めることにつながる理想的な子どもの学びの姿（目の

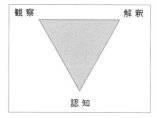

**図3　評価の三角形**

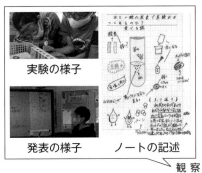

実験の様子

発表の様子　　　ノートの記述

座席表

観察　　解釈

認知

実験の結果や他者の考えをもとにして，質的・実体的な視点（粒子の結合，粒子
の保存性）を働かせて，自分の考え（説）を描画と言葉で表現する

図4　事例の概要（評価の三角形の各要素の具体）

前の子どもがどのように学びそうかという仮定，達成目標）を想定します。事
例では，目指す学びの姿を「実験の結果や他者の考えをもとにして，質
的・実体的な視点（粒子の結合，粒子の保存性）を働かせて，自分の考え
（説）を描画と言葉で表現する」としました。これは「粒子」について
の概念の系統性を考慮し，小学校第5学年「物の溶け方」，中学校第2
学年「化学変化」の内容を踏まえたものです。この「認知」は仮説であ
るため，授業を進める過程で，目の前の子どもの実態に合わせて柔軟に
修正をしてよいものです。なお，この事例では，教師はこの目指す学び
の姿を子どもが理解できる文章に変換して伝えることで，目標の明確化
と共有化を図りました。

　「観察」は，「認知」で想定した学習モデル（達成目標）をもとに，問
題解決のどの場面で子どもの様子を見取るのかを決定することです。課
題内容や表現方法を決定し，子どもの考えを可視化させることです。授
業中の子どもの様子すべてが，「解釈」するエビデンスになり得ます。
事例では，予想や考察の段階で考えを可視化させるために，描画と言葉
を用いて，考えをノートに記述させることにしました。また，可能な限

り，教師は授業中の様子（発言内容，実験中の活動）を観察することにしました。

「解釈」は，「観察」で得られたデータを解釈することです。この解釈は「認知」に照らし合わせて行います。また，1つのデータからではなく，複数のデータをもとにすることで合理的な推論につながります。事例では，ノートの記述内容と授業中の様子をもとにして，それぞれの子どもの考えや学習状況の解釈をしました。その解釈内容を座席表に毎時間整理しました。それをエビデンスにして，次時の授業展開を計画し，加えて，個別に支援が必要な子どもに対する支援内容を決定しました。

図4の事例を実践した教師による振り返りを以下に示します。振り返りでは，主に「エビデンスをもとにした指導の改善ができること」「柔軟性が生まれること」の2点が出されました。

> ・「認知」を想定することによって「観察」「解釈」で行うことが明確になった。多面的な「観察」を意識的に行うことができ，それに基づく「解釈」を行うことができた。
> ・「認知」の達成目標を仮説であると捉えることで，柔軟に実践をすることができた。目標の達成に向けた支援を柔軟に計画することができ，子どもに適した支援を計画することができた。
> ・座席表に「解釈」を整理することによって，それをエビデンスとして用いることができ，次時の展開や支援を詳細に計画することができた。

場合によっては，暗黙的に行われる要素もあるでしょうが，「認知」で目指す姿を想定し，「観察」でどのように子どもを見取るのかを決定し，得られたデータを「解釈」するというサイクルを意識的に行うことは，子どもの学習状況の合理的な推論につながり，エビデンスをもとにした指導の改善につながります。

また，「認知」の目指す姿は仮説であると捉えることで，目標の達成

や授業の計画に縛られずに，目の前の子どもの実態に合わせて柔軟に（さらにいえば，気軽に）授業を進められます。この柔軟性は，forを行うことによりのみ生まれるものです。

　補足になりますが，評価の三角形をもとにした実践を行う際には，ICT活用によって，「観察」で取得するデータの量・質の向上が期待でき，「解釈」の整理が容易になります。

　ここまでforについて取り上げました。ofとforの関連の話に戻ります。forで残した子どもの学習状況の履歴は，そのまま一人一人の子どもの変容そのものです。ofで最終的な目標達成度はどうだったのか（評定）を判断する際に，信頼性（客観性），説明責任などを負担に感じることなく，確かなエビデンスをもとに，自信をもって決定ができます。その材料がforによって手元に揃っているためです。

　最後に，ここまでの内容を踏まえて再度提案をします。子どもの問題解決を支える評価の実現に一歩近付くために，教師と子どものもつ評価観を「評価は教師と子どもが共に行うものである」「評価は教師のためにも子どものためにもなるものである」という新しいものにアップデートしてみてはいかがでしょうか。

註
1）府中市立府中第三小学校 主任教諭 葛貫裕介氏の2022年度の実践
2）お茶の水女子大学附属小学校 教諭 杉野さち子氏の2020年度の実践

文献
Earl, L.M.（2013）. *Assessment as Learning: Using Classroom Assessment to Maximize Student Learning.* California: Corwin Press, pp.25-33.
ハッティ, J.・クラーク, S.（原田信之監訳）（2023）『教育の効果：フィードバック編』法律文化社, pp.76-92.
石井英真（2015）『今求められる学力と学びとは―コンピテンシー・ベースのカリキュラムの光と影―』日本標準, p.66.
National Research Council.（2001）. *Knowing what students know: The science and design of educational assessment.* Washington, DC: National Academy Press, pp.37-54.
渡辺理文（2021）「個別最適な理科の学びを支援する評価―評価の三角形による個に応じた指導の実現―」『理科の教育』70(11), pp.9-12.
渡辺理文（2023）「規準を知ることの価値～「自立する学び」を支える評価の実現～」『初等理科教育』57(2), pp.4-7.

（渡辺理文）

# 4

# 問題解決の過程を再考する

## 1 不易のテーマ「問題解決」

　本節では，理科教育の不易のテーマである「問題解決」とその過程を検討します。中学校や高等学校では「（科学的な）探究」とされます。平成29年告示の小学校学習指導要領では，資質・能力の３つの柱に問題解決が明確に位置付けられました。平成30年告示の高等学校学習指導要領では「理数探究」や「総合的な探究の時間」の科目が新設されたこともあり，「問題解決や探究」は理科に限らず，流行のテーマとなりました。予測不可能な時代を生き抜くために不可欠な素養でしょう。

　日本理科教育学会の月刊誌『理科の教育』では，2002年以降，以下の特集号で「問題解決や探究」（以下，問題解決）を取り上げています。

2007年４月号：探究して習得する理科学習
2018年７月号：問題解決を改めて問い直す
2018年11月号：新学習指導要領〈高等学校〉
　　　　　　　—探究の時間と理科学習—
2019年６月号：問題解決を改めて問い直す−理科からの回答−
2019年11月号：探究のための理科教材とは
2021年１月号：「子どもの目が輝く」探究の過程—問題の発見編—
2021年２月号：「子どもの目が輝く」探究の過程—観察・実験編—
2021年３月号：「子どもの目が輝く」探究の過程—考察編—

　「不易のテーマ」と宣言した割には数が少ないと思われた方も多いでしょう。理科教育において自明のテーマであることから，あえて特集題

としていないようです。その代わり，2016年6月〜9月号は「"見通す"こと」「"たとえる"こと」「"振り返る"こと」「"見取る"こと」，2018年10月号は「問題を見いだす」を取り上げているように，問題解決の過程を深掘りする特集テーマや論文タイトルを多く確認できます。

　2018年7月号の「問題解決を改めて問い直す」の趣意文には，「これまでも本誌において，問題解決型の授業について幾度となく議論されてきたにもかかわらず，未だに問題が生じている」と課題を指摘しています。具体的には以下の3点を指摘し，あえて理科以外の問題解決（企業や他教科）に焦点を当て，理科との異同や，より俯瞰した視点に立った問題解決を検討しています。

　　① 問題解決が形骸化している課題

　　② 問題解決の時間確保が困難な課題

　　③ 教科等横断的な視点の欠如に関する課題

　③に関しては，第4章のSTEM／STEAM教育，およびSDGsの節に譲ります。②は腰を据えて取り組むには時間がかかる，時間の確保が難しいという中学校教師からの意見です。中学校は学習内容が多いことが要因です。

　本節では，①について検討していきます。①に関連して，「授業中に子どもが面白い発想をしているのに，関係付けとか，問題解決の型どおりに進めようとしてしまったことがある」との意見があります。つまり，「形骸化」とは「予想→実験→考察→まとめ」と決められた問題解決のレールを順に進めれば"よし"とする，予定調和的な授業展開が多いことを意味しています。

　ここでは，問題解決の過程を改めて考えてみましょう。

## 2 問題解決のプロセス

　「高等学校学習指導要領（平成30年度告示）解説 理科編 理数編」は，中央教育審議会答申を一部修正した探究の学習過程のイメージを示しています（図1）。小学校および中学校においても基本的には同様の流れで捉えるとしています（注7）。「課題の把握（発見）」「課題の探究（追究）」「課

題の解決」という問題解決の過程において，資質・能力が育成されるよう指導の改善を図ることが明記されたのは，理科教育にとって大きな一歩です。

図1　資質・能力を育むために重視する学習過程のイメージ

「自然事象に対する気付き→課題の設定→仮説の設定→検証計画の立案→観察・実験の実施→結果の処理→考察・推論→表現・伝達」の流れが問題解決の過程とされています。「形骸化」の防止に向けて，注目すべき箇所があります。第一に「探究の過程は，必ずしも一方向の流れではない」という注が付されている点です。図は，下方向の→でつながる構造ですが，実際には，一直線に学びが進むとは限りません。子どもの思考や活動に応じて，"行きつ戻りつ"することも重要です。第二に，「見通し」と「振り返り」の矢印が，問題解決の過程を飛び越えていることです。まさに，"行きつ戻りつ"です。注には「『見通し』と『振り返り』は，学習過程全体を通してのみならず，必要に応じて，それぞれの過程で行うことも重要である」とあります。図で示された箇所だけでなく，実態に応じて柔軟に「見通し」と「振り返り」を働かせる学習が

求められます。まさにメタ認知や自己調整が働く場面です。メタ認知と自己調整学習の詳細は、２章２を参照してください。

　これらに伴い、令和４年度の全国学力・学習状況調査には、問題解決の過程に関する出題が数多く見られました。小学校の大問④(2)は、他者の予想を手がかりにした問題解決の方法の発想に関わる設問です。小学校の大問③(4)は、実験で得た結果を分析・解釈し、根拠のある結論を記述する設問です。中学校の大問⑧(2)は、問題解決の過程を見通す設問です。中学校の大問⑤(3)は、実験結果を考察する中で計画段

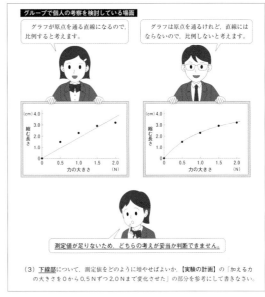

**図２　令和４年度 中学校調査問題⑤(3)**

階に遡り、測定方法を改善する設問です（図２）。同報告書は、小学校は気付きや課題設定、考察・推論の課題を指摘しています。中学校は、見通しと振り返りに関わり、問題解決の過程をまたいだ活動、遡ったり修正したりする活動に困難があることを指摘しています。

　「見通し」と「振り返り」、それに伴う"行きつ戻りつ"は中学校に限った学習過程ではありません。小学校でも積極的に取り入れることが大切です。例えば、吉村（2023）は第６学年「水溶液の性質」で、うまくいかなかった場面を再考させています。同様に木浪（2022）は第６学年「てこのしくみとはたらき」で、自由思考の活動を教科書の学びにつなげるため、実験の不備や原因を考える時間を設定しています。さらに、濁川（2023）は、第４学年「もののあたたまり方」で、思考の誤りや曖昧さ、論の飛躍を「不確かさ」とし、批判的に指摘し合う学習を展開し

ています。それぞれ問題解決の各過程の課題を見いだし，解決しようとする活動です。これまでの教師は，失敗しない活動，誰もが一様に成功する活動を目指して教材研究をしてきました。しかし，「個別最適」の時代は，子どもは教師の範囲を超えた活動を進めます。「失敗」をネガティブに捉えるのでなく，その後のよりよい学びのきっかけであるとポジティブに捉えましょう。

## 3 科学者の問題解決と科学の性質

　本節では問題解決の「形骸化」をキーワードとしていますが，科学者の問題解決はどうなっているのでしょう。「自然事象に対する気付き→課題の設定→仮説の設定→検証計画の立案→観察・実験の実施→結果の処理→考察・推論→表現・伝達」の流れに当てはまるのでしょうか。

　科学がどのように機能するのか，科学的知識はどのように検証されるのか，そして科学者はどのように仕事をするのかに関することは，「科学の性質（Nature of Science：NOS）」といいます。子ども全員が科学者になるわけではありません。しかし，コロナ禍でマスク着用やワクチン接種の是非を判断するのに，科学者や医者の研究成果をもとにした意見を参考にしました。つまり，科学者の問題解決の方法を知ることは，誰にとっても判断材料になるということです。詳しくは，4章4で述べます。

　話を戻します。科学には多くの共通の方法（帰納法，演繹法など）がありますが，単一の決まりきった「科学的」な方法やプロセスはないとされています（中村ら 2023）。よく考えれば，自然事象に対する気付きから科学者の研究が始まるとは限りません。コンピュータシミュレーションなど実験以外の方法で検証することもよくあります。例えば，抗生物質「ペニシリン」は失敗した実験を契機に発見されました。真鍋淑郎さんらは温暖化研究に欠かせない「気候シミュレーション」の礎を築いた功績でノーベル物理学賞を受賞しました。科学者の探究の方法は多様で，そのプロセスはダイナミックです。

　ここでは，カリフォルニア大学古生物学博物館が作成したWebサイ

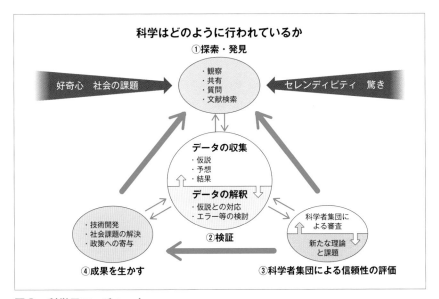

**図3　科学フローチャート**
(https://undsci.berkeley.edu/lessons/pdfs/complex_flow_handout_jp.pdfを参考に筆者が作成)

ト「Understanding Science」から，科学者の研究に準じた問題解決を
検討しましょう。このサイトの目的は，以下の３つです。
①教師が科学の本質に関する理解を深めること
②幼稚園から高等学校までの科学教育で科学の本質を強化できるような
　教材や教授法を教師に提供すること
③科学とは何か，科学が実際にどのように機能しているかを正確に描写
　した資料を学生や市民に提供すること。
　トップページには，問題解決のプロセスを「科学フローチャート」と
して提示しています（図3）。解説の冒頭に「科学的探究の実際のプロセ
スはレシピ（料理本）のように一直線ではなく，非線形，動的，反復的
である」と宣言しています。さらに，フローチャートの各パーツを以下
のように説明しています。
①探索・発見：意外な観察からはじまるように，課題設定にはたくさん
　のルートがある。

②検証：考えを検証することは，科学の中核である。

③科学者集団による信頼性の評価：科学は，研究グループ内でも，科学全体でも，共同体に依存する。

④成果を生かす：科学は社会と結び付いており，私たちの生活に日々影響を及ぼしている。

　①は，ペニシリンの偶然の発見のようなセレンディピティ・好奇心・社会的な課題など，多様なきっかけで研究が始まるということです。もちろん，これまでの問題解決から生まれる課題もあるでしょう。ただし，授業では一定の制約があります。②は，先に紹介した実験の不備や原因を考える活動と同様に，データの収集と解釈を行き来しながら考えを検証するということです。③は，グループや教室全体で結果や考察を議論・承認するように，科学者の共同体（学会等）で研究が議論・承認（査読）されることで，お墨付きを得るということです。④は，生活と学習内容の関連を学ぶように，日常生活や社会と科学が相互に関連していることを示しています。②を中心に①③④とつながるとともに，①③④にはそれぞれのつながりがあります。

　「“教え”から“学び”へ」を合い言葉に，教師から学習者へ学びの主体は移行しました。教師主体の時代は，教師のルールに則った一直線型で事足りました。しかし，学習者主体が求められる現在は，科学者に近い非線形，動的，反復的な問題解決も求められています。

文献
「理科の教育」編集委員会（2018）「理科教育の外から見つめる，問題解決のかたち」日本理科教育学会編『理科の教育』67⑺，p.4，東洋館出版社
吉村真司（2023）「科学的に問題を解決することの価値を見いだす理科学習」日本理科教育学会編『理科の教育』72⑵，pp.33-35，東洋館出版社
木浪太志（2022）「主体的に解決する理科授業と評価の在り方」日本理科教育学会編『理科の教育』71⑶，pp.16-18，東洋館出版社
濁川智子（2023）「思考の『不確かさ』を指摘し合うことで思考力を高める理科指導法」日本理科教育学会編『理科の教育』72⑺，pp.24-26，東洋館出版社
中村大輝 他（2023）：「科学の本質の理解の評価方法とその特徴に関するシステマティックレビュー」『科学教育研究』47⑵，pp.137-154
Understanding Science, https://undsci.berkeley.edu/（accessed 2023.8.21）

（久保田善彦）

第 $2$ 章

# 学びに向かう力と
# ウェルビーイング

# 1

# 理科におけるウェルビーイングの基本的な捉え方

## 1 理科室で向上するウェルビーイング

### (1) ウェルビーイングとは

　ウェルビーイングは，PISA2015調査で「生徒が幸福で充実した人生を送るために必要な，心理的，認知的，社会的，身体的な働き（functioning）と潜在能力（capabilities）である」と示されました。教育ではあまり注目されてこなかった「健やかさ」や「幸福度」といったものが国際調査の視点として提示されたことで，教育界でも注目されるようになったのです。

　2023年2月，中央教育審議会「次期教育振興基本計画」の素案のなかに，「日本社会に根差したウェルビーイングの向上」という項目が入りました（中央教育審議会，2023）。ここでウェルビーイングは，身体的・精神的・社会的によい状態にあること，短期的な幸福のみならず，生きがいや人生の意義などの将来にわたる持続的な幸福を含む概念と説明されています。ここでも「持続的な幸福」「人生の意義」といった言葉が入っています。

　では，なぜ教育の目標のなかに「幸福」や「意義」「健やかさ」のような言葉が入ってきたのでしょうか。「教育とスキルの未来：Education 2030」の序文には「グローバル化の進展や技術の進歩の加速によって、我々は社会，経済，環境など様々な分野において前例のない変化に直面している」「不確実な中を目的に向かって進んでいくためには，生徒は好奇心や想像性，強靭さ，自己調整といった力をつけるとともに，他者のアイデアや見方や価値観を尊重したり、その価値を認めることが求められる」とあります（文部科学省，2018）。つまり，競いながら発展をとげてきた「これまでの社会」が新しい方向へ進化，発展を遂げるために，

全人類が協調を育み，生きがいや人生の意義を感じながら，共に持続的な幸福を目指すことが求められているのです。

## ⑵ ウェルビーイングを実現するためのエージェンシー

OECDがEducation 2030 プロジェクトの成果として打ち出した「ラーニング・コンパス」は，生徒が教師の決まった指導や指示を受け入れるのではなく，不確実な状況であっても生徒が自力で進むべき方向を見いだすことの大切さを強調する目的で示されました。

生徒が周囲の人々や事象の状況をよりよいものにする，すなわちウェルビーイングを実現するためには，生徒のエージェンシーが必要です。エージェンシーは，「社会参画を通じて人々や物事，環境がより良いものとなるように影響を与える責任感を持っていること」とされています（文部科学省，2018）。

つまり，まわりで起こっていることを「自分事」と捉え，それを変えることができる存在として，自ら目の前で起きていることに手を伸ばすことです。自分を含めたみんなのために，状況をよりよいものに変えようとする意志をもち，責任をもってそのことと向き合う，エージェンシーを発揮する姿とはそんな姿のことを指します。

このように考えると，理科室や教室で行われる授業で日々起こっていることは，まさに，みんなが共に幸せに生きるために，クラスの一員としてエージェンシーを発揮し，貢献することといってよいのではないでしょうか。その場所やその状況をもっとよいものにするために，一人一人が考え，行動し，そこに新たな価値をつくろうと手を伸ばしたり，それを見守ったりしている日々の活動こそ，これからの社会をつくる子どもたちにとって大切なのです。

## ⑶ 理科でこそ発揮されるエージェンシー

理科の授業では，実験や観察を行い，その結果から考察を経て，結論を導き出します。教師の決まりきった指導や指示を受け入れるのではなく，目の前の自然事象から結論を導き出すのです。子どもは自らの責任で，実験や観察に使用する器具を操作して実験結果を得ます。教師では

なく，目の前の自然事象が答えを示す，まさに「ものがモノをいう」のが理科の醍醐味です。

　また，理科の授業では，3人から4人のグループで，協働で実験を行ったり，時にはクラス全体で予想や考察の話し合いを行ったりすることもあります。それぞれのコミュニティにおいて，ウェルビーイングの実現に向けた「共同エージェンシー」が発揮されていくことでしょう。

　小学校での問題解決（中学校では科学的な探究）は，まさしく目の前で起こっていることから，問題を見いだし，予想をもとに計画した実験を行い，結論を導き出していく過程です。そのため，集団で行われる問題解決は，個の学びと集団の学びを繰り返しながら，子どもが自分の考えを説明したり，実験を計画したり，機器の操作をしたりするなどして，参画し，協力しながら，クラス全体に貢献することで成立します。そのなかで，自分だけでなくクラス全体が納得するよう，みんなで授業を通して新たな価値をつくり出そうとするのです。

　個または集団で見いだした問題を科学的に解決していこうとする理科の授業では，実験を計画する際も，分担して実験を行う際も，一つ一つの発言や操作に責任が伴います。各々が問題解決をしているのです。ど

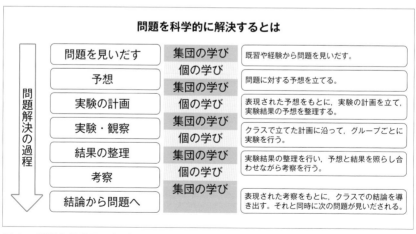

図1　問題を科学的に解決する過程

のようにしたら，自分たちが考えた予想や仮説を検証できるのか，より確かな結果となるにはどのような操作が必要か，個々で考えたことをもち寄り，集団で考えていく協働的な学びのプロセスのなかで，子どもたちそれぞれがエージェンシーを発揮しています。教室や理科室で行われる協働的な問題解決のなかでは，生徒エージェンシーや共同エージェンシーが発揮される状況が多分にあるといっても過言ではありません。

⑷　「より納得できるものに」と高まるエージェンシー

　図3は，ターンクリップを楽に使う方法について「てこの規則性」（第6学年）で学んだことをあてはめようとしていることを教師が板書したものです。

　学んだことが，身近な道具の中にどのように生かされているのかを探りながら，支点からの距離とクリップを開こうとする力の関係について数値で考えることができないかと，子どもたちは模索していました。授業終盤，柄を長くしたクリップが軽くなる理由について考えました。

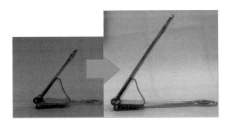

図2　柄を長くしたクリップ

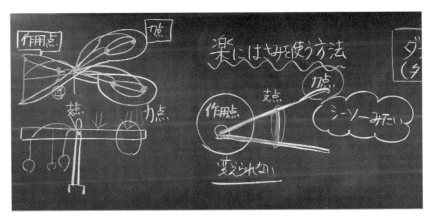

図3　クリップの柄の長さによる挟む力の変化についての板書

C：これを何とかして，実験で示せないかな？数値で証拠を示したい。
T：でも…この器具では，あまり正確には出せない可能性もあるよ。
C：でも，あきらめずにやったらいい。
C：何度も実験して，たくさんデータを集めれば，だいたいの数値が見えてくるはずだよ。
C：みんなの実験結果を集めたら，きっとうまくいくよ。
T：よし，じゃあやってみよう

　子どもは，実験結果で証拠を示して，説明を行おうとしていました。個々の結果を数多く集めて合わせることでより確かなデータにし，数値でしっかり示したいという考えです。子どもが自ら参画して，より納得のいく，確かなデータにするために仲間に協力を呼びかけ，共に結論を導き出そうとする姿が見られます（塚田昭一ほか，2023）。

## ⑸　つぶやきに表れる「エージェンシー」の高まり

　例えば，子どもから複数の予想が出て，どの予想ももっともらしく，甲乙つけがたいとき，「○○かもしれないなら実際に実験で試そう」といういうつぶやきが聞こえてきます。実験を行い，結果を「実証的」に示すことで，「より納得できるものになる」という考えから発せられたものでしょう。これも，まさにOECDラーニング・コンパス2030（以下、「ラーニング・コンパス」）で示されている，変革を起こすコンピテンシーの一つ「対立やジレンマを克服する力」（Reconciling tensions and dilemmas）にあたります（文部科学省，2020）。

　ほかにも実験の際に，子どもたちがあらかじめ結果の読み取り方を相談したり，考察場面でこのままでよいのか疑ったり，結果や結論に対して吟味をしようとしたりするのは責任ある行動であり，ラーニング・コンパスで示された，変革を起こすコンピテンシーの一つ「責任ある行動をとる力」と捉えられます。

　図4は，子どもたちの「より納得できるものにしよう」という心の働

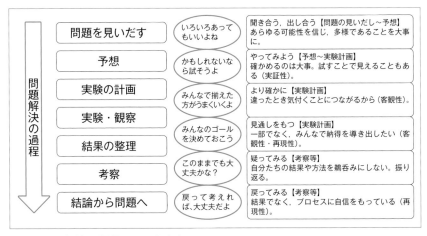

図4　問題解決の過程でのつぶやき

きによって出るつぶやきを問題解決の過程にあてはめて示したものです。これらの姿は一例にすぎませんが，理科の授業では，問題解決の過程のあらゆる場面で変革を起こすコンピテンシーを発揮しながらウェルビーイングを実現しようとする姿があり，個々の子どもたちに「エージェンシー」の高まりが見られることが多くあります。

## 2 ウェルビーイングを実現するための教師の営み

### (1) 新たな価値を創造する授業の構想

　理科の問題解決では，「より納得できるものに」するために，客観性や再現性，実証性を高めるなど科学的に解決しようとする姿がみられ，それがウェルビーイングを実現する姿と重なると述べてきました。

　では，そのような授業を構想し，実際に授業を行う際に，教師がすべきことは何でしょうか。ここでは，実践事例を挙げながら，ウェルビーイングを実現するための授業を構想する際に教師が意識することを考えていきます。

　図5は，2年生を楽しませるために，5年生の子どもたちが作った「振り子ボトル」というアトラクションです。水の量を変えたり，振り

上げ方を変えたりして，試作のアト
ラクションを試したものの，振り子
が振れるタイミングをずらすことが
できず，2年生役の子どもは悠々と
ゴールへ辿りつきました。そこか
ら，もっとスリリングな「振り子ボ
トル」にするにはどうしたらよいか
を考える「振り子の運動」（第5学年）

図5　試作した振り子ボトル

の授業が展開していきました。「うまくいかない」からこそ，どんなこ
とを確かめていけば目的を達成することができるのかという問題が生ま
れ，そこから子どもたちの本気の問題解決が始まります。

## ⑵　PBL型の授業での「価値の創造」と即時的な支援

　このようにPBL（Problem-based Learning）型の授業展開を通して，子ど
もたちは「振り子ボトル」をより面白くするために，理科の学びを深め
ていきます。この学級では，個でも集団でも，振り子の学習が進むたび
に知が更新され，「振り子ボトル」は進化していきます。ラーニング・
コンパスで示されている変革を起こすコンピテンシーの一つ「価値の創
造」が日々行われているのです。振り子の学習は即時的に「振り子ボト
ル」に生かされ，学びの有用感となり，学習していること自体の価値も
高まります。また，子どもたちが作る「振り子ボトル」の改善には，誰
かが定めたゴールはありません。自分たちが目指すものであり，5年生
が2年生のことを想像しながら考えていくものです。教師は，はじめの
きっかけづくりを行った後は，学習の内容と子どもたちの活動を把握し
ながら，今後の授業のための場や器具の準備，時間の確保について子ど
もたちと相談しながら決め，指導計画を緩やかに変更したり，更新した
りしていくことが肝要になります。

　もちろんPBL型の授業だけが，ウェルビーイングの実現やエージェン
シーの高まりを生むわけではありません。どの授業においても，プロセ
スとトピックを組み合わせた授業デザインと即時的なカリキュラムの更

新のために，子どもたちへの見取りと声かけといった，指導と評価が一体化した教師の営みは不可欠です。まさに伴走者の役割といわれる「教師エージェンシー」の発揮が必要となります。

## ⑶ 「教師エージェンシー」の発揮

　OECDは生徒がエージェンシーを発揮し，自分の潜在能力を発揮するためには大人の支援が必要であるとしています。学びにおいて子どもが「生徒エージェンシー」を発揮し，「共同エージェンシー」という関係性に至るには教師の役割と力，つまり教師側のエージェンシーが大切です。

　教師は，既にある「課題の答え」を答えさせるという「答え」の番人のような存在ではありません。「その問題をみんなで考えていくのもいいね」「なるほど，面白い方法を考えたね」など，教師が問題解決の過程を伴走し，「どうしてそう考えたの？」「その予想をした理由をもう少し聞かせて」と振り返りを促す言葉をかけて学級全体に広げたり，その面白さに気付くようにしたりします。このような態度を含めた言葉かけが，子どもと教師が共同で問題解決する際に必要となる「教師エージェンシー」です。

　例えば，予想を検証する方法について学級内で意見が飛び交っているとき，教師は次なる方向性を定めるために複数の方策を考えながら，話に耳を傾けます。教師は，子どもと協働しながらも，専門的な知識やスキルを用い，問題解決の進む方向を予見し，時に路線変更やまわり道も含めて，子どもが「エージェンシー」を発揮できる効果的な方向を提案します。

　理科授業でウェルビーイングを実現するためには，教師は「エージェンシー」を視座におき，自律的な問題解決，教師と子どもたちの関係を含めた授業展開の再確認と見直しを行う必要があります。

文献
中央教育審議会（2023）教育振興基本計画部会（第13回）資料
　https://www.mext.go.jp/kaigisiryo/2019/09/1421377_00041.html
文部科学省初等中等教育局教育課程課教育課程企画室（2018）「教育とスキルの未来：Education 2030【仮訳（案）】」OECD Education 2030 プロジェクトについて，pp.2-3
文部科学省初等中等教育局教育課程課 他（2020）「OECD ラーニング・コンパス（学びの羅針盤）2030」OECD Learning Compass 2030 仮訳，p.6
塚田昭一・舘英樹・辻健（2023）『理科でつくるウェルビーイング』東洋館出版社

（辻　健）

# 2

# メタ認知と自己調整学習

## ■1 これからの時代に求められる力

　VUCA（Volatility：変動性，Uncertainty：不確実性，Complexity：複雑性，Ambiguity：曖昧性）時代と呼ばれる現代の社会では，情報を科学的に判断したり，問題を科学的に解決したりしながら意思決定や行動選択する力がますます重要になります。そのため，現在の学校教育では，未来を担う子どもたちが様々な社会的変化を乗り越え，社会の創り手となることができるよう，各教科等で育成を目指す資質・能力を一層確実に育んでいくことが求められています。そして，その育成の鍵となるのがメタ認知や自己調整学習といった概念です。

　メタ認知と自己調整学習は同義的に使用されることが多く，概念的な区別が曖昧ですが，両概念のルーツは異なります（両概念の詳細な比較研究はDinsmore et al., 2008を参照）。メタ認知は発達心理学という学問分野から生まれ，はじめは子どもの認知発達過程における心的概念の獲得に焦点が当てられていましたが，その後，自己調整的な機能が追加されて概念化されてきました。一方，自己調整学習は教育心理学という学問分野から生まれ，メタ認知理論やBanduraの自己調整理論を柱として学習の過程や成果の調整に重点が置かれて概念化されてきました（Veenman, 2011）。また，自己調整学習には多様な理論が存在する現況にあるため，研究の遂行にあたってはどの理論をベースに検証を進めていくのか明確にする必要があるといわれています（伊藤，2009）。

　ただ，両概念の比較検討や操作的定義に関する考察は本書の目的から逸れるため割愛し，本節ではメタ認知と自己調整学習について現在の学校教育との関わりを踏まえながら基本的概念を解説し，小学校理科の授

業づくりや子どもたちの成長にどう生かしていくかに焦点化して述べていきます。なお，理科教育におけるメタ認知の研究事例については，久坂（2022）を参照してください。

## 2 メタ認知とは何か

### (1) 現在の学校教育とメタ認知

　平成29年告示の小学校学習指導要領では，育成を目指す資質・能力が「知識及び技能」「思考力，判断力，表現力等」「学びに向かう力，人間性等」の３つの柱で整理されました。その中の「学びに向かう力，人間性等」の涵養については，次のような説明が見受けられます。

> 　児童一人一人がよりよい社会や幸福な人生を切り拓いていくためには，主体的に学習に取り組む態度も含めた学びに向かう力や，自己の感情や行動を統制する力，よりよい生活や人間関係を自主的に形成する態度等が必要となる。これらは，自分の思考や行動を客観的に把握し認識する，いわゆる「メタ認知」に関わる力を含むものである。

（文部科学省，2018，p.38；下線は筆者による）

　このように多様化・複雑化によって社会が予測困難な状況になる中で，子どもたちがよりよい社会や幸福な人生を切り拓くためには，メタ認知の能力が重要であることが強調されています。現在の学校教育では，子どもたちに汎用的なメタ認知の能力を育んでいくとともに，各教科等の学びの中でその学びに特徴的なメタ認知を促したり働かせたりする指導を通して，学びをより深めていくことが求められています。

### (2) メタ認知の概念

　メタ認知は英語で"metacognition"といいます。"meta"は「高次な」，"cognition"は「認知」という意味なので，直訳すると「高次な認知」になります。そもそも認知とは，「見る，聞く，考える」などのように頭の中で起こる知的営みを指します。私たちは学習の過程において多様な認知を行っていますが，一方でそれと同時に自分の認知に対して一段

高い次元から客観的な視点で認知を行っています。例えば，「他者に説明する」という認知活動を行う際に，話す速度や説明の仕方が適切か客観的に判断しながら調整を図る，という配慮や工夫は誰もが行っていることではないでしょうか。これがメタ認知の働きになります。そのため，よりよい認知活動にはメタ認知の働きが欠かせません。

　メタ認知は，知識的要素と活動的要素の2つで構成されています。知識的要素は「メタ認知的知識」と呼ばれ，人間の認知特性に関する知識（例：予習すると授業が分かりやすくなる），課題についての知識（例：分数の計算はミスしやすい），方略についての知識（例：情報が多いときはメモを取りながら聞く）の3つに分類されています。

　また，活動的要素は「メタ認知的活動」と呼ばれ，「メタ認知的モニタリング」と「メタ認知的コントロール」の2つに分類されています。メタ認知的モニタリングは，自分の認知活動に対して点検したり評価したりといった活動を指します。また，メタ認知的コントロールは，自分の認知に対して目標や計画を立てたり改善したりといった活動を指します。

　メタ認知の概念モデルを図1に示し，理科の学習場面を例に説明します。

　例えば，実験を行っているときに「実験方法を間違えた」と気付くことがあります。これがメタ認知的モニタリングの働きです。実験活動は対象レベルと呼ばれる認知活動ですが，対象レベルでエラーが起こると，モニタリン

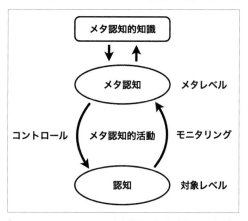

（Nelson & Narens, 1990を翻訳及び一部追加して改変）
図1　メタ認知の概念モデル

グプロセスがメタレベルにその情報を伝えます。すると，学習者はモニタリングを顕在的に働かせ，「なぜ間違えてしまったのか」などと慎重に考えることになります。このとき，学習者が保持しているメタ認知的

知識が想起され，モニタリングの結果と照合されます。ここで，学習者が「間違えたときは修正してもう一度やり直すとよい」といったメタ認知的知識を保持していれば，間違った方法を修正して再度実験を行うことになります。これがメタ認知的コントロールの働きです。このようにメタ認知は，メタ認知的モニタリングの実行，メタ認知的知識の想起，メタ認知的コントロールの実行といった循環的なプロセスを何度も繰り返しながら働いています。

ただし，当該認知活動の熟達化が進むと，エラーが検知されなくともメタ認知的知識が活性化されてメタ認知的コントロールが行われることがあります。私たちが慣れている活動や作業などに対して，最初からミスをすることなく上手に遂行できるのは，そのためだと考えられます。

## 3 自己調整学習とは何か

### (1) 現在の学校教育と自己調整学習

平成29年告示の小学校学習指導要領において，育成を目指す資質・能力が３つの柱で整理されたことに伴い，観点別学習状況評価も３つの観点で整理されました。その中で「学びに向かう力，人間性等」については観点別で見取ることができるものとして，「主体的に学習に取り組む態度」として示され，①知識及び技能を獲得したり，思考力，判断力，表現力等を身に付けたりすることに向けた粘り強い取り組みを行おうとしている側面と，②①の粘り強い取り組みを行う中で，自らの学習を調整しようとする側面の２つの側面から評価することが求められています（国立教育政策研究所，2020）。

また，各教科等の指導においては，「主体的・対話的で深い学び」の実現に向けた授業改善を通して資質・能力を育む効果的な指導ができるようにすることと述べられています（文部科学省，2018）。ここで「主体的な学び」の視点については，次のように説明されています。

> 　学ぶことに興味や関心を持ち，自己のキャリア形成の方向性と関連付けながら，見通しをもって粘り強く取り組み，自己の学習活動を振り返って次につなげる「主体的な学び」が実現できているかという視点。

（文部科学省，2018，p.77）

　このように現在の学校教育では，子どもたち自身が学びのエージェントとして主体的に学習や問題解決に向かう中で，見通しをもったり，振り返りを行ったりしながら，学習の仕方や考え方などを自律的に調整できるよう指導と評価を行っていくことが求められています。

## ⑵　自己調整学習の概念

　自己調整学習は英語で "Self-Regulated Learning" といい，学習者が行動，動機づけ，メタ認知において，自分自身の学習過程に能動的に関与する学習を意味します（伊藤，2009）。以前は，自己制御学習と邦訳されることもありましたが，現在では自己調整学習という呼称が一般的です。

　自己調整学習には３つの段階があるとされています（図２）。「予見段階」は，学習の目標や計画を立てたり，課題に対して興味や価値を感じ

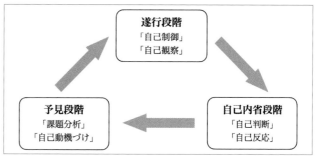

（Zimmerman & Campillo, 2003を翻訳及び一部抜粋して改変）
**図２　自己調整学習のプロセス**

たりする準備の段階です。また「遂行段階」は，課題を遂行する上で方略や環境，時間などをコントロールしたり，メタ認知を働かせながら学習の記録をとったりする段階です。最後の「自己内省段階」は，学習の達成状況を評価したり，満足を感じたりしながら次の学習につなげる段階です。

「自らの学習を調整する」ということに対して、適切な方法や道具を選択しながら学習するといった行動（認知活動）のみをイメージされる方も多いかもしれません。しかし、本来の自己調整学習とは、適切にメタ認知を働かせながら学習に取り組んだり、課題内容や学習活動に対して自己を動機づけたりしながら取り組むことも含みます。

このように、行動、動機づけ、メタ認知に対して能動的に関わり、調整しながら自らの学びを支えられる学習者こそが、真の"自律した学習者"といえます。

## 4 メタ認知と自己調整学習を促す理科の授業づくり

### (1) メタ認知と自己調整学習を促すことの教育効果

メタ認知や自己調整学習を促す授業や指導を行うことは、本当に学習者の資質・能力に育成に効果があるのでしょうか。ここでは、エビデンスとして信頼度が高いとされているメタ分析の結果を紹介します。

メタ分析とは、複数の研究結果（論文で報告されている量的な結果）を統計的手法によって統合して結論を出す分析手法です。Ohtani & Hisasaka（2018）は、メタ分析を用いてメタ認知と知能が学業成績に及ぼす影響について調べました。その結果、メタ認知の影響力は知能よりも大きいことを報告しています。つまり、知能が多少低かったとしても、メタ認知的な指導によって学力の向上が期待できることを意味します。

また、Dignath & Büttner（2008）はメタ分析によって小学校と中学校どちらの学校段階でも自己調整の力を効果的に育成することができることを報告し、Elhusseini, et al.（2022）ではメタ分析の結果、自己調整を促す指導は学業成績の向上につながると結論付けています。

このように、メタ認知や自己調整学習を促す指導に十分な教育効果があることが学術的に示されています。

### (2) 理科の授業づくりにどう生かすか

理科の問題解決や科学的探究の活動は、自己調整学習のプロセスとよく似ています（久坂, 2021）。問題を見いだしたり予想を立てたりする予

見段階，検証計画を立てたり観察や実験を実施したりする遂行段階，考察をしたり結論を導出したりする自己内省段階といった対応関係です。

先述のように，自己調整学習は行動のみならず，動機づけやメタ認知に対しても能動的に関わっていく姿を意味します。したがって，問題解決の各場面においてどのような行動的側面や動機づけ的側面，メタ認知的側面を大事にしたいかを考えて授業づくりを行うとよいでしょう。

例えば，問題を見いだす場面では，複数の自然の事物・現象を比較して問題を見いだすといった行動的側面，見いだした問題に対して興味や解決することの価値を感じるといった動機づけ的側面，見いだした問題について自分たちの力で解決できそうか考えるといったメタ認知的側面などを大事にしたいところです。また，考察をする場面では，観察や実験で得られた結果に基づいて解釈するといった行動的側面，問題を解決できたことに対して満足するといった動機づけ的側面，考察した内容は自分の予想と一致していたか振り返るといったメタ認知的側面などが大事になるのではないでしょうか。

このように，理科の問題解決について自己調整学習の3つの側面から大事にしたいことを整理して指導することは，自己調整的な学びを促し，資質・能力の育成につながるといえるでしょう。ただし，小学校理科の各学年で育成を目指す問題解決の力や各領域の内容的特性，指導する子どもたちの実態などと照らし合わせながら，"よくばりすぎない"カリキュラム・マネジメントにも配慮する必要があると考えられます。

## ⑶　問題解決の力とメタ認知

小学校理科では，問題を科学的に解決する力の育成を教科の目標として掲げ，第3学年では「問題を見いだす力」，第4学年では「根拠のある予想や仮説を発想する力」，第5学年では「解決の方法を発想する力」，第6学年では「より妥当な考えをつくりだす力」の育成を主に目指しています（文部科学省，2018）。

これらの力は，問題解決の過程の中で育成していくものですが，問題解決の活動経験を積み重ねるだけでは十分な育成が見込めません。この

点について，今次学習指導要領改訂に深く関わった奈須は著書の中で，「観察や実験を繰り返し経験するうちに，その奥に横たわる『条件制御』『系統的な観察』『誤差の処理』など，科学的な認識や方法に関わる抽象的・一般的・普遍的な概念を帰納的に感得する子供も一定程度いるが，多くの子供は具体的・特殊的・個別的な対象や実験状況との関わりでのみ，その観察なり実験の工夫をするに留まっている」と指摘した上で，その原因として教師から段階的で明示的な指導を受けていないことが大きいのではないかと述べています（奈須, 2017）。つまり，理科の授業では自然の事物・現象についての知識理解を深める指導を行うことに加え，問題解決の力が領域や単元を超えて発揮されるよう適度に抽象化されたメタ認知的知識として習得させることが求められます。

表1　問題解決の力を支えるメタ認知的知識の例

| 問題解決の力 | メタ認知的知識の例 |
|---|---|
| 問題を見いだす力 | （問題を見いだすときは）<br>・複数の自然の事物・現象を比較して得られた差異点や共通点をもとにして問題を見いだす<br>・自分たちで調べられそうか考える，など |
| 根拠のある予想や仮説を発想する力 | （予想や仮説を発想するときは）<br>・根拠はこれまで学習したことや日常経験などをもとにして考える<br>・根拠が自分の予想や仮説を支えるものとしてふさわしいか考える，など |
| 解決の方法を発想する力 | （解決の方法を発想するときは）<br>・変える条件と変えない条件に整理して，変える条件を1つずつ変える<br>・変える条件以外に結果に影響を与えそうな条件（要因）がないか考える，など |
| より妥当な考えをつくりだす力 | （より妥当な考えをつくり出すときは）<br>・観察や実験の結果をもとにして考える<br>・問題や予想と対応する内容になっているか考える，など |

表1に，各学年で主に育成を重視する問題解決の力とそれを支えるメタ認知的知識の例を挙げます。なお，前項で問題を見いだす場面や考察する場面において行動的側面やメタ認知的側面として示した内容は，どちらもメタ認知的知識を活用した行動や活動であるためメタ認知的知識として例示しています。

　メタ認知的知識は，「〜のときは（条件），〜する（手続き）」といった形式で整理することができます。例えば，小学校第5学年の振り子の単元では「振り子の実験を行うときは，振り子の長さ，おもりの重さ，振れ幅を1つずつ変えて実験する」のように個別具体の文脈で学習します。その際に「〜のときは」に該当する条件部分の一般化を図り，「変える条件が複数あるときは，1つずつ変えて実験する」といったように抽象化されたルールとして子どもたちに習得させると，他の単元でも適用可能なものになります。

　このように，問題解決の力を支えるメタ認知的知識を整理して明示的に指導することで，自己の学習に対するメタ認知的モニタリングの結果が適切なメタ認知的コントロールにつながり，問題解決の力を含む資質・能力の育成に寄与していくものと考えられます。

文献

Dignath, C., & Büttner, G.（2008）Components of fostering self−regulated learning among students. A meta−analysis on intervention studies at primary and secondary school level. *Metacognition and Learning*, 3⑶, pp.231-264.

Dinsmore, D. L., Alexander, P. A., & Loughlin, S. M.（2008）Focusing the conceptual lens on metacognition, self−regulation, and self−regulated learning. *Educational Psychology Review*, 20, pp.391-409.

Elhusseini, S. A., Tischner, C. M., Aspiranti, K. B., & Fedewa, A. L.（2022）A quantitative review of the effects of self−regulation interventions on primary and secondary student academic achievement. *Metacognition and Learning*, 17⑶, pp.1117-1139.

久坂哲也（2021）「科学的思考の支援」中谷素之・岡田涼・犬塚美輪編『子どもと大人の主体的・自律的な学びを支える実践：教師・指導者のための自己調整学習』pp.32-47, 福村出版

久坂哲也（2022）「メタ認知」日本理科教育学会編『理論と実践をつなぐ理科教育学研究の展開』pp.100-105, 東洋館出版社

伊藤崇達（2009）『自己調整学習の成立過程：学習方略と動機づけの役割』北大路書房

国立教育政策研究所（2020）『「指導と評価の一体化」のための学習評価に関する参考資料（小学校理科）』東洋館出版社

文部科学省（2018）『小学校学習指導要領（平成29年告示）解説　総則編』東洋館出版社

奈須正裕（2017）『資質・能力と学びのメカニズム』東洋館出版社

Nelson, T.O. & Narens, L.（1990）Metamemory: A theoretical framework and some new findings. In G.H. Bower（Ed）. *The Psychology of Learning and Motivation*, 26, pp.125-173. New York: Academic Press.

Ohtani, K., & Hisaka, T.（2018）Beyond intelligence: a meta−analytic review of the relationship among metacognition, intelligence, and academic performance. *Metacognition and Learning*, 13⑵, pp.179-212.

Veenman, M. V. J.（2011）Learning to self−monitor and self−regulate. In R. Mayer, & P. A. Alexander（Eds.）*Handbook of Research on Learning and Instruction*, pp.197-218. New York: Routledge.

Zimmerman, B. J., & Campillo, M.（2003）Motivating self−regulated problem solvers. In J.E. Davidson & R. J. Sternberg（Eds.）*The psychology of problem solving*, pp.233-262. New York: Cambridge University Press.

（久坂哲也）

# 3

# 「主体的に学習に取り組む態度」と その評価

## 1 「主体的に学習に取り組む態度」を評価するとはどういうことか

### (1) 「主体的に学習に取り組む態度」とは

　「主体的に学習に取り組む態度」は，現行学習指導要領における観点別評価の１つとして示されました。いうまでもなく観点別評価とは，学習指導要領に示す目標に照らして，その実現状況がどのようなものであるかを観点ごとに評価し，子どもの学習状況を分析的に捉えるものです。したがって，「主体的に学習に取り組む態度」の評価においても，学習者が主体的に学習に取り組んでいる状況（学習状況）を，教師が把握・分析する必要があります。さらに，学力保証のためには，学習者一人一人について適切な「指導と評価の一体化」がなされることが好ましいとされています。

　しかし，これについて，学校現場では多くの課題が指摘されています。例えば，「『指導と評価の一体化』というけれど，単元の最後で行う評価（テスト）をどう次の指導に生かせばいいのかわからない」「ノート点検や実験レポートの評価が大事なのはわかるけど，そういう時間はなかなか取れない」「一斉授業が中心なので，一人一人の学習状況を見取るのは現実的に困難」といった声をよく耳にします。では，これらを解決するためにはどうすればよいのでしょうか。

### (2) 教師の教育観とその変容

　課題解決のためには，まずは教師の教育観について改めて考える必要があるでしょう。ここでいう教育観とは，例えば「評価とは何か（評価観）」「学力とは何か（学力観）」「学習とは何か（学習観）」といった教育に関わる考え方の総称を指します。つまり，教師が考える評価や学力の意

味が曖昧なままでは，課題解決が困難であるということです。

　とりわけ「主体的に取り組む態度」の意味とその方法については誤解があることが指摘されています。平成28年12月に示された中央教育審議会答申（以下，中教審答申）では，「主体的に学習に取り組む態度」について，「挙手の回数やノートの取り方などの形式的な活動ではなく，児童生徒が自ら学習の目標を持ち，進め方を見直しながら学習を進め，その過程を評価して新たな学習につなげるといった，学習に関する自己調整を行いながら，粘り強く知識・技能を獲得したり，思考・判断・表現しようとしたりしているかどうかという，意思的な側面を捉えて評価することが求められる」と示されました。上記を鑑み，「主体的に学習に取り組む態度」とその評価について考えるにあたって，ここでは特に評価観について改めて押さえておきたいと思います。

## ⑶　教育評価の機能

　評価という言葉は，学校現場で頻繁に用いられるにもかかわらず，その意味について教師があらためて考える機会は少ないのが現状です。そこで，まず評価の機能について見ていきます。1章3でも述べられたように，評価の機能は大きく分けて3つあります（表1）。ここで注目したいのは「学習のための評価（Assessment for Learning）」と「学習としての

表1　評価の機能（石井，2013より筆者抜粋加筆した。その際Earl，2003参照）

| アプローチ | 目的 | 準拠点 | 主な評価者 |
|---|---|---|---|
| 学習の評価<br>（Assessment of Learning） | 成績認定，進級，進学などのための判定（評定） | 他の学習者。教師や学校が設定した目標 | 教師 |
| 学習のための評価<br>（Assessment for Learning） | 教師の教育活動に関する意志決定のための情報収集，それに基づく指導改善 | 学校や教師が設定した目標 | 教師 |
| 学習としての評価<br>（Assessment as Learning） | 自己の学習のモニタリング，および，自己修正や自己調整（メタ認知） | 学習者個々人が設定した目標や，学校・教師が設定した目標 | 学習者 |

評価（Assessment as Learning)」です。

　「学習のための評価（Assessment for Learning)」は，「指導と評価の一体化」を意味します。ここでは「形成的評価」が重要となります。つまり，「発問」や「観察，実験」といった教師の教育活動に関して，それに対する学習者の学習状況が適切だったか否かをそのつど評価することによって，「指導と評価の一体化」は可能になるのです。これが，教師の「自己評価」です。

　また，「学習としての評価（Assessment as Learning)」は，「学習と評価の一体化」を指します。すなわち，学習者が，自身が設定した目標（「学習目標」）に照らし合わせながら学びを評価することで，「メタ認知」を意味します。これは，学習者による「自己評価」と言い換えることができます（田中，2008）。

　このように，「指導と評価の一体化」と「学習と評価の一体化」により，学習者と教師の双方が自己評価することで，学習および授業改善はなされるのです。

⑷ 「主体的に学習に取り組む態度」の評価を可能にする「学習と指導と評価の一体化」

　「主体的に学習に取り組む態度」は，この「学習としての評価」に大きく関係します。先ほどの中教審答申に示された「学習に関する自己調整を行いながら，粘り強く知識・技能を獲得したり，思考・判断・表現しようとしたりしているかどうかという，意思的な側面」の評価は，表1の「学習としての評価」の目的と一致します。つまり，「主体的に学習に取り組む態度」の評価は，学習者自身の「自己評価」によってなされる部分が大きいといえます。

　「主体的に学習に取り組む態度」を評価するためには「指導と評価の一体化」と「学習と評価の一体化」の両方が同時に行われる必要があります。しかし，ここでも課題が指摘されています。第一に，学習者一人一人に対して「指導と評価の一体化」を可能にする評価の問題です。先述したように，適切な「指導と評価の一体化」がなされるためには，学

習者一人一人の学習情報を形成的に評価する必要があります。これらを教師が把握・分析するための評価方法の問題です。

　第二に，「学習と指導の一体化」を可能にする評価の問題です。ここでは学習者による「自己評価」が重要となります。しかし，これまでの自己評価で多く見られるのは，「理解できましたか？」や「楽しかったですか？」といった教師が設定した「問い」に対し，学習者が「A，B，C」をつけるものや，「よかった，わるかった」といった情意面の評価を指すのが一般的でした。これは「評価は成績を付けるためのもの」という評価観によるものと考えられます。そのため，評価としての客観性や認知面の視点に欠けていて，学習および授業改善に効果的とはいいがたいのが現状です。

　この両方の機能をもつ評価として，一枚ポートフォリオ評価（One Page Portfolio Assessment，以下OPPAと表記）があります。OPPAの開発者である堀 哲夫（2018）は，「『指導と評価の一体化』と『学習と評価の一体化』は，評価と指導や学習を切り離して考えない（Assessment as Teaching and Learning）という意味」であると述べています。これまでは「指導と評価の一体化」という教師目線での研究が重視され，学習者の立場からの「学習と評価の一体化」がほとんど行われてきませんでした。さらに，堀は「実質を伴った『指導と評価の一体化』，学習者による『学習と評価の一体化』，言い換えると学習者の『メタ認知』する能力を育成する『自己評価』に関する研究が実施され，深められる必要がある」と述べ，「自己評価」の重要性を説いています。

　「教授パラダイム」から「学習パラダイム」への転換が求められている現在，学校現場における授業研究において重要な示唆となるでしょう。

## (5)　教師の「自己評価」

　さらに，教師の授業改善には，教師の「自己評価」が重要となります。これまで学習者による「自己評価」については，多くの研究や実践が行われてきましたが，教師の「自己評価」については，その具体的な方法が曖昧だったために困難とされてきました。

教師の「自己評価」とは，教師が自身の教育活動に対して，「使用した教材や発問は有効でしたか？」などの「問い」を立て，学習者の学習状況に照らし合わせながら評価することです。これまで，いわゆる熟達教師による授業技術（ゆさぶりの発問や机間指導，ノート点検など）による「フィードバック」を活用した形成的評価に基づく授業改善は行われてきました。しかし，それが授業改善に具体的にどう結び付くのか，さらに，学習者の資質・能力の育成にどう関わっているのかは，教師の経験によるものが大きく，判然としませんでした。授業改善において重視されるべき形成的評価への理解が不十分なまま，教材研究や授業方法の工夫を中心とした授業改善が行われてきていると考えられます。

　多くの報告により，OPPAの活用を通して，教師の「自己評価」と学習者の「自己評価」が同時になされることが明らかになっています（堀・中島，2022）。

## 2 OPPAを活用した「主体的に学習に取り組む態度」の育成とその評価

### ⑴　OPPAとは

　まずは，OPPAについて概観します。

　学習の成果を，学習者が一枚の用紙（OPPシート）に，学習前・中・後の学習履歴として記録し，その全体を学習者自身が「自己評価」するのがOPPAです。

　OPPAは，学習者の概念や考え方に注

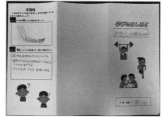

**図1　OPPシートとその折り方**
（4年「人の体のつくりと運動」笠井恵氏提供）

目し，その変容過程を意識化，自覚化させることを重視しています。OPPA論では，この意識化，自覚化が「自己評価」を意味します。

　OPPシートは，図１のようにＡ３版の紙を三つ折りにして使用します（中島雅子，2021）。この一枚の用紙の中で，診断的・形成的・総括的評価が可能となるのです。

## ⑵　OPPシートに設定された３つの「問い」とその機能

　先述したように，OPPAは「学習と指導と評価の一体化」の機能をもっています。OPPシートに設定された「問い」や構造が，その機能を果たします。

### ①学習前・後に設定する「本質的な問い」

　「本質的な問い」は，学習前・後に同じ「問い」を設定します。その理由は，学習を通して学習者に自己の変容を意識化・自覚化させるためです。この「問い」は，単元や学びの本質に関わるものを設定します。

　例えば，小学校第６学年「月と太陽」の単元では「月とは何ですか？」や，小学校第５学年「電流がうみ出す力」の単元では「電磁石とは何ですか？」などがあります。また，「なぜ理科を学ぶと思いますか？」といった教科横断的な「問い」の設定では，理科を「学ぶ意味・必然性」の感得がなされることがわかっています。これにはそもそもなぜ理科を学ぶのかを理科学習を通して学習者に自覚させる意図があります。このように答えが１つではない「問い」を設定することで，回答に幅をもたせます。これにより，学習者の概念や考え方の変容を学習者自身が意識したり，自覚したりしやすくなります。これは，「学びに向かう力，人間性等」の個人内評価で見取る部分にもつながります。近年注目されている「非認知能力」の育成には，OPPAの「本質的な問い」が有効であることもわかってきています（堀・中島，2022）。

### ②「学習履歴欄」に設定された「問い」

　「学習履歴欄」では「授業のタイトル」と「その授業で一番大切だと思ったこと」，「感想や疑問点」を記入します。学習者は，授業の最後に「自分が一番大切だと思ったこと」を記入するため，必然的にその授業

を振り返ることになります。同時に，教師は自分が設定した本時の「指導目標」と照らし合わせることで，自己の授業を「自己評価」します。

　このように，学習者と教師の「自己評価」が同時に実現されるのです。その際，教師からのフィードバックが重要になります。ここでいうフィードバックとは，「学習者の実際（actual level）と目標（reference of a system parameter）の差異（gap）を明らかにし，それを埋める役割をもつもの」を指します（Ramaprasad, A. ,1983）。

　例えば，図2は小学校6年「てこの規則性」の単元における2人の児童の記述例です。右の児童はハサミや栓抜きといった身近な道具にてこの原理が利用されていることだけでなく，「支点・力点・作用点」のそれぞれの位置にも注目しています。これに対

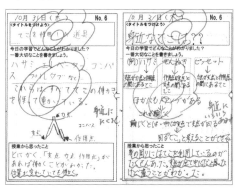

図2　学習履歴欄の記述例

し，左の児童は，「授業から思ったこと」として位置の違いに触れてはいますが，「一番大切なこと」の欄ではありません。そこで教師は，フィードバックとして波線を引くことで，児童にこの記述に注目するよう促しました。「自己評価」を促すために重要なのは，このような間接的な指導です。つまり，直接的に教師が間違いを指摘したり，正答を記入したりするのではなく，波線で注意を向けるなどの間接的なフィードバックが児童の「自己評価」には有効です。主体的な学習は，このようなやりとりによって促されます。

③単元の最後に記入する「自己評価欄」

　ここでは，学習者はOPPシートに示されたすべての記述を見て，「この学習を通して何か変わったか，変わったとしたら何が変わったのか」という「問い」に回答します。図3は，小学校6年「燃焼の仕方」の単元での記述例です。「最初の頃は」「勉強していくにつれて」と，時系列

で学びを振り返り，学習による自分の学びとその過程（学習過程）を自覚する姿が見られます。一枚のシートにすべての情報が集約できることが，このような振り返りを可能にします。これもOPPAの特徴です。

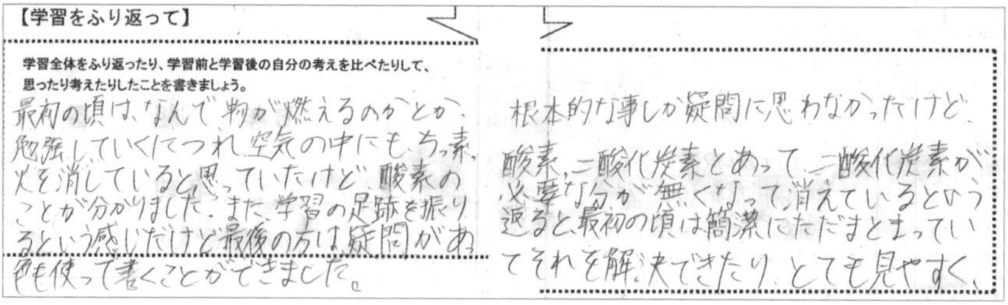

【学習をふり返って】

学習全体をふり返ったり，学習前と学習後の自分の考えを比べたりして，
思ったり考えたりしたことを書きましょう。

最初の頃は，なんで物が燃えるのかとか，勉強していくにつれ空気の中にもう酸素が火を消していると思っていたけど酸素のことが分かりました。また学習の足跡を振りるという感じだけど最後の方は疑問があ を使って書くことができました。

根本的な事しか疑問に思わなかったけど，酸素，一酸化炭素とあって，一酸化炭素が必要な分が無くなって，消えていろという逆ると最初の頃は簡潔にただまとっていてそれを解決できたり，とても見やすく，

図3　「自己評価欄」の記述例

## (3) 評定には使わないOPPA

　本節では，「主体的に学習する態度」とその評価について，「学習と指導と評価の一体化」の機能をもつOPPAを中心に述べてきました。OPPAは，学習者の学びの実相が表出されることで効果的に機能します。もし成績付けに使われるようなことがあれば，子どもは「自分が一番大切だと思っていることが間違っていたらどうしよう」などと考えてしまう恐れがあります。OPPAを効果的に使うために，成績付けには用いないようにしましょう。

文献

Earl, L. M.（2003）. *Assessment as Learning: Using Classroom Assessment to Maximize Student Learning*, Corwin Press, p.26.

堀 哲夫監修・中島雅子編著（2022）『一枚ポートフォリオ評価論　OPPAでつくる授業』東洋館出版社

石井英真（2013）「これからの社会に求められる学力とその評価　―『真正の学力』の追求」『初等教育資料』東洋館出版社，p.31

中島雅子（2016）「『見取ること』をめぐる課題とその克服―『自己評価』による授業改善を中心として―」『理科の教育』65(9)，pp.5-8，東洋館出版社

中島雅子（2019）『自己評価で授業改善　OPPAを活用して』東洋館出版社

中島雅子（2021）「こうすればうまくいく！「振り返りシート」による評価の工夫とアイディア「一枚ポートフォリオ評価（OPPA）を活用する」『授業力＆学校経営力』No.140，pp.58-61，明治図書

Ramaprasad, A.（1983）. On the definition of feedback, *Behavioral Science*, 28(1), p.4.

Retrieved from https://www.mext.go.jp/component/b_menu/shingi/toushin/__icsFiles/afieldfile/2019/04/17/1415602_1_1_1.pdf（accessed 2023.09.03）

田中耕治（2008）『教育評価』p.21，岩波書店

# 4

# 「自然を愛する心情」を育む

## 1 日本の「理科」はひと味違う

### (1) 「理科」と「科学」

　教科名を英語で言い換えるときに「理科」は「サイエンス（科学）」と英訳されますが，「理科」と「サイエンス」の間には，少々違いがあることをご存じでしょうか。日本の理科教育，特に小学校の理科には，他の国にない特徴が見られます。それは，理科の教科目標に「自然を愛する心情」を養うことが明記されていることです。これは「科学」という教科には見られない特徴です。「自然を愛する心情」は，この国に「理科」が誕生して以来，大切にされてきた「不易」の目標なのですが，なぜ「科学」ではなく「理科」が生まれたのでしょうか。

### (2) 「天然物ヲ愛スルノ心ヲ養ウ」

　「理科」という教科が誕生したのは，明治時代になってからです。それまでの庶民は，読み書きそろばんのような実務的な習い事が中心でしたし，藩校のような学問所でも近代科学は育ちませんでした。

　1886（明治19年）年，明治政府は，改正教育令，小学校令を発令し，高等小学校に「理科」を設置しました。子どもが日常，目にする天然物や現象を教授するものでした。さらに，1891（明治24年）年，小学校教則大綱が制定され，理科の要旨が次のように示されました。

> 「理科ハ通常ノ天然物及現象ノ観察ヲ精密ニシ其相互及人生ニ対スル関係ノ大要ヲ理会セシメ兼ネテ天然物ヲ愛スルノ心ヲ養フヲ以テ要旨トス」

「天然物ヲ愛スルノ心ヲ養ウ」ことは，「科学」という学問には入らない考えですが，これ以来，昭和16年「国民学校令施行規則」までの50年間，さらに平成元年から今日まで「自然を愛する心情」として受け継がれてきています。つまり「理科」は，「科学」を追究するだけではなく，心を育てるという側面をあわせもつ教科であるということです。

では，「理科」に「天然物を愛する心」が入った背景を考えてみましょう。

## (3) 日本独特の風土から生まれる自然観

日本列島は，地理的地学的な自然環境によって，自然からの多くの恵みを得るとともに，様々な自然災害に見舞われてきました。はっきりとした四季の変化の中で豊かな緑や草花が育まれ，作物は育ちます。火山活動によってつくり出される滝などの景観や温泉を楽しむことができます。人々は，移ろいゆく自然の中に美しさを見いだし，その恵みに生かされて暮らしてきたのです。その一方で毎年，台風や豪雨によって，一瞬にして家や田畑を失うことも，千年，二千年と繰り返されてきました。大きな地震や津波，火山の噴火も，繰り返し人々の暮らしを襲います。そのたびに，この国で暮らす人々は，自然を忌み嫌うのではなく，人知を超えた大きな自然の力を崇め，時には神として祀り，また立ち上がってきました。

豪雨で川が決壊した場所や，火山の噴火で被害のあった場所などに神社が立てられて，その場所の危険を語りとして伝えるものは，全国に見られます。自然の力が人知を超えていることを理解し，自然をよく見て，その変化を知り，自然の中にありながら自然を変えるのではなく，生活に工夫を加え，生活を守ろうとする生き方がこの国の人々の中にあるように思います。「生活のために自然を変える」のではなく，「自然に合わせて生活を変える」のです。自然と共に生きていくという考えが，明治初期までの日本にはあったのではないでしょうか。

明治時代に，諸外国の「サイエンス（科学）」にならい「理科」という教科が誕生しましたが，そこで対象となる自然は，合理的に扱う研究材料ではなく，この国の何千年という風土の中で独特に培われた「愛する

もの」であったのではないかと,「天然物ヲ愛スルノ心ヲ養ウ」を見ると思うのです。「生活の中で自然を生かす」文化と「自然の中で生活を生かす」文化の違いが,「科学」と「理科」の背景にあるように思います。この国の古からある「自然愛」を文化的な側面から見てみましょう。

## 2 自然を愛する心

### (1) 古典の中にある自然愛

　万葉の昔から,この国には自然を題材にした歌がたくさんあります。

　人々が自然を愛し,自然の中に自分を重ね合わせて喜びや悲しみを表現してきた証といえるでしょう。

> 石走る垂水の上のさわらびの萌え出づる春になりにけるかも
> 　　　　　　　　　　　　　　　　　　　　　志貴皇子　「万葉集」

　万葉集の四季歌の代表作です。志貴皇子が岩を走る小滝の水しぶきや萌えあがる蕨の芽生えを前にして,自然と一体になって春の喜びに浸っている様子は,千年の時を超えても読み手に感動を届けます。小学校の国語の教科書にも掲載されるこの作品から,子どもたちは,春の自然の美しさや春のもつ力強さを感じ取ることができます。私たちを,春という自然に誘うこの作品の力の源は,志貴皇子の自然愛なのでしょう。

> 閑さや　岩にしみ入る　蝉の声
> 　　　　　　　　　　　　　　　　　　　　松尾芭蕉　「奥の細道」

　江戸時代に詠まれた,松尾芭蕉の有名な俳句です。森の深い静かな場所にある山寺,セミが鳴くと山に反響してこだまとなって戻ってきます。俗世の騒がしさから離れ,異次元の静けさの中に,芭蕉の心は蝉の声と一体になって岩に吸い込まれていくのでしょうか。私たちは,この俳句を読むとき,一瞬にしてこの山寺の静寂に芭蕉と共に吸い込まれていく

ような気持ちになります。芭蕉が愛した静寂の美の力なのでしょう。

　これらの作品から，魅せられた自然と一体となっている作者の心情が，伝わってきます。自然をよく観るからこそ魅せられ，その愛しい思いを言葉に重ねて表現する。このような自然愛に満ちた文化は，この国の普段の生活の中にも息づいてきたのではないでしょうか。自然を自分と重ね合わせて一体感をもつ文化は，他人の痛みも自分のことのように感じ取ることができる優しさや温かさという，よさを生み出します。それは，自然を愛する人々のもつ，一つのよさではないでしょうか。

## ⑵　自然を知ることと愛すること

> 　物を知るにはこれを愛せねばならず，物を愛するのはこれを知らねばならぬ。数学者は自己を棄てて数理を愛し数理そのものと一致するが故に，能く数理を明らかにすることができるのである。美術家は能く自然を愛し，自然に一致し，自己を自然の中に没することに由りて甫（はじめ）て自然の真を看破し得るのである。
>
> 　　　　　　　　　　　　西田幾多郎『善の研究』「知と愛」

　これは，西田幾多郎氏の『善の研究』の中の「知と愛」の章の一節です。知ることの対象を「自然」に置き換えて読んでみると，「理科」に込められた「科学」と「自然を愛する心情」の関係がすんなりと整理できるような気がします。「自然」に置き換えると，以下のように解釈できるでしょう。

　自然を知るには，これを愛せねばならず，自然を愛するのは，これを知らねばならぬ。自然を学ぶ者は，我を忘れるほどに自然に没頭し，自然を自分と重ねてみるからこそ，よく自然を明らかにすることができる。

　このように解釈してみると，自然の事象について本当に理解しようとするならば，自然を愛する心情があわせて大切であることが見えてきます。

⑶　理科の教科目標の中で

　理科で育成を目指す資質・能力は，次のように整理されています。

---

⑴　自然の事物・現象についての理解を図り，観察，実験などに関
する基本的な技能を身に付けるようにする。
⑵　観察，実験などを行い，問題解決の力を養う。
⑶　自然を愛する心情や主体的に問題解決しようとする態度を養う。

---

（文部科学省，2018a，p.12）

　「自然を愛する心情」は，学びを人生や社会に生かそうとする⑶「学
びに向かう力，人間性等」の柱に入るものです。解説では，「生物を愛
護しようとする態度」「生命を尊重しようとする態度」を取り上げ，さ
らに，「自然環境と人間との共存の手立てを考えながら自然を見直すこ
とや実験などを通して自然の秩序や規則性などに気付くことも，自然を
愛する心情につながると考えられる」と述べられています。また，評価
に関する参考資料では，心情については，評定に反映するものではなく，
個人内評価とする旨が説明されています。

　改めて，これを「知と愛」の文脈で読み直せば，3つの資質・能力は，
決してそれぞれが独立して身に付くものではないことが見えてきます。
子どもが自然の事象に対して，我を忘れて夢中になって問題解決に取り
組む中で，その子どもが自分の中に内在するものと重ね合わせて価値を
見いだすならば，子どもは「自然を愛する心情」とともに知識及び技能
や問題解決の力を身に付けていくのだということです。自然と関わり
「自然を愛する」ことが，自然を理解するために大切であることがわか
るでしょう。

## 3 「自然に親しむ」から始まる

⑴　生活科の目標に見る「自然との関わり」

　小学校において，自然と関わる学習は生活科から始まります。生活科

では，学習の対象を「自分自身」「身近な人々，社会」「身近な自然」としています。教科目標の資質・能力の３つの柱から「身近な自然」について示されたものを挙げると，「身近な自然の特徴やよさ，それらの関わりに気付く」「身近な自然を自分との関わりで捉える」「身近な自然に自ら働きかける」などがあります。これらには，自己を自然と重ね，向き合う姿として，「知と愛」の文脈と重なるものを感じます。

### (2)　生活科の実践に見る「自然との関わり」

生活科には９項目の内容がありますが，理科のように，子どもたち全員が同じ気付きを得ることは求めません。子どもは一人一人がそれぞれ興味をもったものに向き合い，活動によって気付きを深めていきます。時に，活動によっては皆で同じ気付きを得ることもあります。印象的だった事例を紹介しましょう。

小学校１年生のシャボン玉の授業でした。

前時，子どもたちは，担任から「魔法のお水」を分けてもらい，シャボン玉遊びに夢中になりました。「今度は，お星さまのシャボン玉を作りたい」「ハート形のシャボン玉を作りたい」「大きなシャボン玉を作りたい」とそれぞれが思いや願いをもちました。星型やハート型のクッキー型や針金ハンガーで形を作ったものを持ち寄って，いざ挑戦。何度も繰り返し試みますが，ハートやお星さまのシャボン玉はできませんでした。シャボン玉は，みんな丸いのです。

授業の後で，子どもたちはシャボン玉の１枚絵本を描きました。虹色の丸いシャボン玉と笑顔の自分が画用紙いっぱいに描かれています。そこには，習いたてのひらがなで，「はーとのしゃぼんだまをつくろうとおもいました。でも，しゃぼんだまは，みんなまるかったです。」とサインペンで堂々と書かれていました。子どもの願いも気付きも，シャボン玉が大好きだという思いも，全部が込められた１枚絵本。子ども一人一人，表現の仕方は様々ですが，「シャボン玉はみんな丸かった」は全員の気付きになっていました。

後日，子どもたちに「ハート型のシャボン玉は作れたの？」と聞くと

「シャボン玉はみんな丸いんだよ」と教えてくれました。そのときのクラスの子どもたちの自信に満ちた笑顔。自然と向き合い，体験を通して学ぶことの素晴らしさに感じ入りました。

　低学年に理科が初めて入ったのは，昭和16年のことです。それに合わせて国民学校低学年理科教師用指導書として『自然の観察』が文部省で編纂されました。自然科学を暗記物としないために子ども用の教科書を作らず，子どもが実際に自然と関わる体験を通して学ぶことを目指したのです。

　『自然の観察』の総説には，「子どもに内在する可能性を信じ子どもの主体性を導き出すよう促していくのが教師の指導の在り方である」といった作成者の思いが綴られています。ここに，先のシャボン玉の授業につながる指導者の思いを感じます。理科の授業に携わる者も，子どもに内在する可能性を信じて主体性を導き出し，授業をつくる必要があります。

## (3)　理科の実践に見る「自然との関わり」

　前述の「子どもが自然の事象に対して，我を忘れて夢中になって問題解決に取り組む中で，子どもが自分に内在するものと重ね合わせて価値を見いだす」という瞬間に出会うことは，理科を教える者の幸せです。

　小学校5年「種の発芽」の授業でのことです。単元の導入で「ツタンカーメンのエンドウ豆」の話を子どもたちにしました。「3000年の眠りからツタンカーメンは目覚めなかったが，一緒に埋葬されたエンドウ豆は目覚め，花を咲かせて種が実り，今では世界中で栽培されている」というお話です。「何をしたら目覚めたのだろう」という疑問をもつ子ども。「種は水をかけたら芽を出すよ」とか「発芽の3条件」をもち出す子ども。でも，そのクラスの子どもたちにとって一番の謎は，「3000年も眠っていた」ということでした。自分に当てはめて考えたとき，「3000年も眠っている」ことは，あり得ないことだったのです。

　「種って生きているの？」と子どもたちが聞いてきました。「生きているってどういうことなの？」と問い返すと，子どもたちは考え込みまし

た。自分に重ねて出てきた言葉は，「息をしているということ」「動くこと」「私なら心臓が動いていることだけど，種に心臓はないよね」など。話し合ううちに「種が生きているならば，息をしているはずだ」という一つの仮説が立ちました。

　種をビニル袋に入れて気体検知管で酸素濃度と二酸化炭素濃度の変化を見ましたが，全く変化がありません。「種は息をしていない」という事実は，子どもにとって理解しがたいものでした。そこで，朝から水につけておいた種を取り出し，ビニル袋に入れて同じように変化を見ました。今度は，酸素が減り二酸化炭素が増えています。「水で膨らんだ種は呼吸をしている」という事実に対して，「水を吸うと息が始まる」という，まるで命のスイッチが入った瞬間を目撃したかのような笑顔が教室に溢れました。水を吸うと呼吸が始まるから空気が必要で，適温でないと芽が出ない。種の中に発芽に使う養分も，発芽するための小さな芽も準備されていることが，実験を通して次々とわかっていきます。その中でうれしかったのは，子どもによる種の扱い方です。養分を見るためにナイフで種を開くときでさえ，「半分残してあげたら，まだ芽が出ると思うから」と丁寧に扱い，命あるものへの優しさに溢れていたのです。「種って，発芽に必要なものを全部詰め込んだタイムカプセルだよ」とある子どもが言いました。学習前は，種を小石と同じように扱っていた子どもたちの中に，学習を通して命あるものへの愛しさが芽生えているのを感じることができた授業でした。

　「生命」領域の内容を紹介しましたが，担任としてこのような幸せを感じる授業は，「粒子」「エネルギー」「地球」のどの内容でも出会いました。水溶液の食塩と水の関係を，自分と友達の関係と重ねてモデル図で説明する子ども。てこの仕組みが数計算で解明できることに感動する子ども。水の循環から見えてきた地球という星の素晴らしさを絵本に表現して語る子ども。それはいつも，自然の事象を知ると同時に，対象への愛おしさをあわせもつ学びの瞬間でした。

# 4 科学者にとっての「自然を愛する心情」

「自然を愛する心情」が日本の理科の目標にあることは一つの特徴ですが，「自然を愛する」ことは，決して日本だけが大切にしていることではありません。自然の事象に向き合う人々にとって，「自然を愛する」ということは当たり前のことです。

マリー・キュリーの名言の中に，次の言葉があります。

私は科学には偉大な美が存在すると思っている人間の一人です。研究室にいる科学者というのは，ただの技術者ではありません。それはおとぎ話に感動する子どものように，自然現象を前にそこにたたずむ一人の子どもでもあるのです。

ラジウムの放つ光に魅せられた彼女の「自然を愛する心情」が，そこに見えるような気がします。

文献
西田幾多郎（1979）「知と愛」『善の研究』岩波書店
文部省（2009）『復刊 自然の観察』農山漁村文化協会
文部科学省（2018a）『小学校学習指導要領（平成29年告示）解説　理科編』東洋館出版社
文部科学省（2018b）『小学校学習指導要領（平成29年告示）解説　生活編』東洋館出版社
文部科学省（2020）「指導と評価の一体化」のための学習評価に関する参考資料　小学校　理科』東洋館出版社

（八嶋真理子）

# 第 3 章

# 「個別最適な学び」と
# 「協働的な学び」

# 1

## 理科における「個別最適な学び」と「協働的な学び」を考える

### 1 「個別最適な学び」「協働的な学び」を意識することになった経緯

　第1章，第2章を通して，理科がどのような学びを大切にしているのかについてご理解いただけたことでしょう。理科の学びは，様々な自然の事物・現象を対象とし，子どもたちが自らそれらに働きかけ，解決したい問題を見いだし，その問題を解決していくことで，自然の事物・現象の性質・規則性などを理解していくというものです。さらには，新たに得た知識をもとに，再度自然の事物・現象や日常生活を見つめることによって，理解を深めたり，新しい問題を見いだしたりします。

　これらの活動を，「問題解決」としてきたわけです。

　平成29年に改訂された学習指導要領（以下，「学習指導要領」とする）では，この問題解決の活動の充実を図ることで，「知識及び技能」「思考力，判断力，表現力等」「学びに向かう力，人間性等」という3つの柱で整理された資質・能力の育成を目指しています。

　学習指導要領には，たくさんの重要キーワードがありますが，本章で「個別最適な学び」「協働的な学び」について述べていく際に，最初に取り上げたい重要キーワードがあります。それは「主体的・対話的で深い学び」です。「主体的・対話的で深い学び」は，子どもたちに必要な資質・能力を育むための学びの質に着目し，授業改善の取り組みを活性化していく視点として示されています。

　一方，「個別最適な学び」「協働的な学び」という言葉は，平成31年4月に，文部科学大臣から「新しい時代の初等中等教育の在り方について」諮問された中央教育審議会が審議を重ね，令和3年1月26日に取りまとめた答申である「『令和の日本型学校教育』の構築を目指して〜全ての

子供たちの可能性を引き出す，個別最適な学びと，協働的な学びの実現
〜（答申）」（以下，「令和３年答申」とする）において示された言葉です。

　令和３年答申には，「社会の変化が加速度を増し，複雑で予測困難と
なってきている中，子供たちの資質・能力を確実に育成する必要があり，
そのためには，新学習指導要領の着実な実施が重要であるとした」と示
されているように，学習指導要領とは異なることが打ち出されているわ
けではありません。むしろ，令和３年答申は，学習指導要領の着実な実
施につなげていくためのものであるという理解が大切だと考えます。

　しかしながら，「主体的な学び」「対話的な学び」「深い学び」と「個
別最適な学び」「協働的な学び」との整理が追い付かず，混沌としてい
る方も多いのではないでしょうか。

　まずは，これらの関係を整理したいと思います。

## 2 「個別最適な学び」「協働的な学び」と 「主体的・対話的で深い学び」を整理する

　「個別最適な学び」「協働的な学び」を授業改善の視点として捉えてい
る方がいるのではないかと感じています。このように捉えると，それま
では「主体的・対話的で深い学び」が授業改善の視点だったのに，これ
からは「個別最適な学び」「協働的な学び」が授業改善の視点なのだと
いうような誤解につながる恐れがあります。

　文部科学省初等中等教育局教育課程課「学習指導要領の趣旨の実現に
向けた個別最適な学びと協働的な学びの一体的な充実に関する参考資料」
令和３年３月版（以下，「令和３年参考資料」とする）には，以下のように示
されています。

> 　未来の社会を見据え，児童生徒の資質・能力を育成するに当たっ
> ては，このような学習指導要領の趣旨を踏まえ，「個別最適な学び」
> と「協働的な学び」という観点から学習活動の充実の方向性を改め
> て捉え直し，これまで培われてきた工夫とともに，ICTの新たな可

能性を指導に生かすことで，主体的・対話的で深い学びの実現に向けた授業改善につなげていくことが重要と考えられます。

（p.7，下線は筆者による）

「個別最適な学び」「協働的な学び」は，学習活動の充実の方向性を改めて捉え直す際の「観点」だということです。

つまり，「主体的・対話的で深い学び」という授業改善の視点から，何か具体的な手立てを考える際，まず「個別最適な学び」「協働的な学び」という観点から学習活動が充実するかどうかを考えることが必要であるということになるでしょう。

例えば，「主体的な学び」の視点から，「自然の事物・現象から問題を見いだし，見通しをもって観察，実験などを行っているか」といった授業改善を行おうとした場合，「個別最適な学び」の観点から，この学習活動の充実の方向性を捉え直そうとすれば，「同じ自然の事物・現象に出合っても，全員が同じ問題を見いだすとは限らない。事象提示をする際に，子ども一人一人をもっと理解しようとしなければならない」と思うようになるでしょう。

「対話的な学び」の視点から，「考察の場面では，あらかじめ個人で考え，その後で意見交換を行うようにしているか」といった授業改善を行おうとした場合，「協働的な学び」という観点から，この学習活動の充実の方向性を捉え直そうとすれば，「対話する相手は，学級の友達とは限らない。オンラインで遠方の学校とつなぐことだってできる」と思うようになるでしょう。

そうすれば，単元構想自体も変わってくるに違いありません。

「主体的・対話的で深い学び」は，小学校学習指導要領の「第2　教育課程の編成」及び「第3　教育課程の実施と学習評価」に関連したキーワードであり，「個別最適な学び」「協働的な学び」は，「第4　児童の発達の支援」に関連したキーワードであるとされています。

これらの違いを意識して使用していきたいものです。

## 3 「個別最適な学び」「協働的な学び」とは

### (1) 「個別最適な学び」

　令和3年答申では，「個別最適な学び」は，「指導の個別化」と「学習の個性化」に整理されており，子どもたちが自己調整しながら学習を進めていくことができるよう指導することの重要性が示されています。

　まずは，「指導の個別化」についてです。具体的には，以下のように示されています。

> 　全ての子供に基礎的・基本的な知識・技能を確実に習得させ，思考力・判断力・表現力等や，自ら学習を調整しながら粘り強く学習に取り組む態度等を育成するためには，教師が支援の必要な子供により重点的な指導を行うことなどで効果的な指導を実現することや，子供一人一人の特性や学習進度，学習到達度等に応じ，指導方法・教材や学習時間等の柔軟な提供・設定を行うことなどの「指導の個別化」が必要である。
>
> (p.17)

　子ども一人一人を理解し，その子どもにあった指導を行うことで，資質・能力を育成していくことが求められています。

　一方，「学習の個性化」については，以下のように示されています。

> 　基礎的・基本的な知識・技能等や，言語能力，情報活用能力，問題発見・解決能力等の学習の基盤となる資質・能力等を土台として，幼児期からの様々な場を通じての体験活動から得た子どもの興味・関心・キャリア形成の方向性等に応じ，探究において課題の設定，情報の収集，整理・分析，まとめ・表現を行う等，教師が子供一人一人に応じた学習活動や学習課題に取り組む機会を提供することで，子供自身が学習が最適となるよう調整する「学習の個性化」も必要である。
>
> (p.17)

子ども一人一人を理解し，その子どもの興味・関心などに応じた学習活動を保障していくことが求められています。

### (2) 「協働的な学び」

令和3年答申では，「協働的な学び」について，以下のように示されています。

> 「協働的な学び」においては，集団の中で個が埋没してしまうことがないよう，「主体的・対話的で深い学び」の実現に向けた授業改善につなげ，子供一人一人のよい点や可能性を生かすことで，異なる考え方が組み合わさり，よりよい学びを生み出していくようにすることが大切である。「協働的な学び」において，同じ空間で時間を共にすることで，お互いの感性や考え方等に触れ刺激し合うことの重要性について改めて認識する必要がある。　　　　(p.18)

子ども一人一人のよさや可能性を認め合いながら学んでいくことが求められています。

## 4 理科における「個別最適な学び」「協働的な学び」

先述したように，理科の学びでは，身近な自然の事物・現象に働きかけ，見いだした問題を観察や実験などを通して解決し，自然の事物・現象の性質・規則性などを理解していきます。このような問題解決の活動が充実するかどうかを，「個別最適な学び」「協働的な学び」という観点から考えるとき，とても重要なキーワードがあります。

それは「科学的」という言葉です。

第1章でも説明していますが，改めてもう一度おさえておきましょう。

私たち自身も，日常において様々な問題を抱え，それを解決しようと努力しています。SDGsは，世界中にある様々な問題を，みんなで解決していこうという計画・目標のことなので，世界中の人々が共通の問題を解決しようとしているということになります。このように，私たちは

日常的に問題解決を行おうとしているわけです。これらの問題解決は，問題が解決すれば，その問題を抱えていた人にとって，望ましい状態になったということができます。

　理科の学びも問題解決なのですが，SDGsのように世の中の問題を望ましい状態へと解決していく方向ではなく，自然の事物・現象の性質や規則性などを理解する方向に向かって進んでいきます。真理を追究する問題解決です。その真理を追究することは，世の中が望ましい状態へと向かう問題解決に大きく寄与するので，本質的にはつながっているといえます。真理を追究するにあたっては，「科学的」という側面から検討していくことが重要です。

　「科学的」についての捉えは様々あると思われますが，「小学校学習指導要領（平成29年告示）解説　理科編」には，以下のように示されています。

> 　科学が，それ以外の文化と区別される基本的な条件としては，実証性，再現性，客観性などが考えられる。　　　　　　　　　　　(p.16)

　「実証性」とは，考えたことが観察，実験などによって検討できるかという条件です。「再現性」とは，考えたことを観察，実験などを通して確かめる場合，同じ条件で行えば，誰が行っても何回行っても同じ結果が得られるかという条件です。そして「客観性」とは，上記の実証性，再現性という条件を満たすことによって，そこで一緒に学んでいる仲間に承認されるかという条件です。

　理科の学びは，自然の事物・現象について問題を見いだし，実証性，再現性，客観性などといった条件を検討する手続きを重視しながら，問題を解決していくということなのです。

　この「科学的」が，理科における「個別最適な学び」「協働的な学び」を考える際に重要であることを，次の3点から述べたいと思います。

## (1)　実証性という側面から考える

　子どもは，自然の事物・現象に働きかけ，そこから解決したい問題を

見いだし，その問題を解決しようとします。仮に，子どもと一緒に校庭に出て，そこで出合う自然の事物・現象から問題を見つけたとします。「この花の名前は何ていうのだろう」「雲の動き方にはきまりがあるのかな」「どうして，カマキリの前足は鎌のようになっているのだろう」などとそれぞれが問題を見つけたとき，これらの問題すべてを特定の単元で扱うことは難しいでしょう。小学校理科では，習得したい知識を明確に示しているので，授業者は，問題解決の活動を通して，それらの知識が獲得されるように授業を構想します。よって，子どもが自ら見いだした問題のすべてを取り上げていくことは難しいわけです。子ども自身が見いだした問題を解決していく授業展開を構想する際，その問題解決によって得られる知識を学習指導要領と照らし合わせることも必要です。

　また，子どもが見いだした問題を解決していく過程においては，予想を立て，観察や実験などを行い，結果をもとに考察し結論を出していくわけなので，そのような学習活動が成立する問題を取り上げることになります。

　さらには，教師が教材研究を入念に行い，工夫して事象提示を行ったときでも，教師が意図していない問題を子どもが見いだすことはあります。

　一方，「個別最適な学び」という観点で，特に「学習の個性化」を考えた場合，子どもの興味・関心などに応じた学習活動を保障していくために，子どもが解決したいという気持ちをどのような形で具現すればよいのかを考えることは，極めて重要なことといえます。

(2)　再現性という側面から考える

　先述したように，子どもがどのような問題を解決していくのかを考えた場合，全員で同じ問題を解決していくような展開にした場合もあれば，グループごと，または個人で問題を解決していくような展開もあります。つまり，「理科の学びは問題解決です」と一言でいっても，様々な展開の仕方があるということです。

　1つの実験結果ではなく，できるだけ多くの実験結果を踏まえて考察

することで再現性を保障しようとする場合，個人で問題を解決していくような展開では，自分一人で同じ実験を何度も何度も行って，できるだけ多くの結果をもとに考察するしかありません。

　「学習の個性化」という観点から考えたとき，子ども自ら追究したいことをとことん追究させたいという教師の思いと，再現性の保障という側面との間で，どのように展開するかという悩みが生まれるでしょう。

　一方，「協働的な学び」という観点から考えると，どうでしょうか。全員で同じ問題を解決しようとする場合，それぞれの生活経験などの違いから，全員の予想が同じになるとは限りません。だからこそ，互いの予想の違いを認め合おうとすることや，みんなで多くの実験結果を集め，それらを踏まえて考察しようとすることは，子ども一人一人のよさや可能性を認め合いながら学んでいくことにつながるといえます。

### ⑶　客観性という側面から考える

　客観性とは，実証性，再現性という条件を満たすことによって，そこで一緒に学んでいる仲間に承認されるという条件です。どのような問題解決の活動を行ってきたかによって，客観性が保障されるかどうかが決まってしまいます。個人で問題解決を行った場合には，個人で得た結論の客観性を保障しようとするとき，その問題解決をみんなで確かめる必要が生じます。個人の問題解決を全員で追体験することは難しいかもしれませんが，「予想を立てる」「観察，実験などで得られた結果をもとに考える」など，問題解決の仕方は共通しているので，個人の問題解決における実証性や再現性について話し合うことはできるでしょう。

　このような活動は，問題を科学的に解決することの重要性を理解することにもつながります。

　問題解決の活動には，様々な展開の仕方があることを示してきました。それぞれの展開によって，よい点や配慮すべき点などがあることが見えてきました。次は，具体的な学習内容に落とし込んで考えてみましょう。

（鳴川哲也）

# 2

# 理科における「指導の個別化」と「学習の個性化」

## 1 改めて，「子ども一人一人」

　理科の問題解決の活動を，「個別最適な学び」「協働的な学び」という観点で見つめ直してみると，それぞれに重要な意味があることがわかってきました。しかし，令和3年答申に示されているように，「個別最適な学び」と「協働的な学び」の一体的な充実を目指すために，どのような授業づくりを行えばよいのか，悩まれている方も多いと思います。

　当然ながら，これらの観点から理科の問題解決の在り方を見つめ直す先には，子ども一人一人に資質・能力を育成することを忘れてはいけません。

　この「子ども一人一人」について考えるとき，前提として，子どもたちの多様化を踏まえる必要があります。令和3年答申には，子どもたちの多様化として，特別支援学級に在籍する児童生徒の増加，通常の学級において通級による指導を受けている児童生徒の増加，通常の学級において発達障害の可能性のある特別な教育的支援を要する児童生徒が6.5％程度であること，特定分野に特異な才能のある児童生徒の存在，外国人児童生徒や日本語指導を必要とする児童生徒の増加，子どもの貧困，いじめの認知件数や重大事態の発生件数，暴力行為の発生件数，不登校児童生徒の増加傾向などが示されています。

　ここに示したような多様化の他にも，子どもたちは様々な個性をもっています。積極的に発言する子どももいれば，全く挙手はしないけれどもじっくり考えている子どももいます。また，一人で考えることを好む子どももいれば，他者と関わり合いながら考えていくことを好む子どももいます。

これからの理科の授業では，こうした子ども一人一人の実態を踏まえて，これまで以上に子ども一人一人の成長や悩みなどの理解に努めるとともに，子ども一人一人の興味・関心等を踏まえて，きめ細かく指導・支援をしていくことが大切であると考えます。

## 2 問題解決の展開の仕方

ここで，ある文章を紹介します。

---

　理科の学習の本質は，日常生活における自然についての経験を組織的に発展させることである。すなわち，身のまわりに起こるいろいろな現象や事物に疑問を持ち，それを解決しようとして，予想をたて，実際にためしてみて納得のいく知識を得，これによって生活に道筋をたて，これを応用して，さらに生活を豊かにすることにある。

---

　この内容は，皆さんに納得していただけることでしょう。

　実は，これは「昭和27年　小学校学習指導要領理科編（試案）改訂版」に記されている文章です。今読んでも，全く色褪せていないと感じます。小学校の理科は，ずっと問題解決を大切にしてきた教科だということがわかります。

　その問題解決の活動をイメージすると，子どもが自然の事物・現象に親しむ中で興味・関心をもち，そこから問題を見いだし，予想や仮説をもとに観察，実験などを行い，結果を整理し，その結果をもとに結論を導き出し，そこで得た新しい知識を，もう一度身近な自然の事物・現象や日常生活などに当てはめてみるといった活動が想起されます。

　理科の授業で，このような活動を大切にすることはとても重要なことです。「教師があらかじめ問題を設定しておき，授業開始早々，その問題を子どもたちに投げかけ，それを解決する」や「子どもが観察，実験などを行うが，その後は教師が説明してまとめる」というような授業が少なくなってきているのであれば，理科の問題解決という学び方が多く

の先生方に理解されているということであり，これまでの諸先輩たちが，「理科の学びは問題解決です」と，実践を通して示してこられたからだと思います。

　しかし，「個別最適な学び」「協働的な学び」という観点から，改めて理科の問題解決の活動を見つめてみると，「本当に子ども一人一人を大切にした問題解決になっているのか」「教師が問題解決の過程をたどった授業をしているが，子どもに問題解決をしているという意識はあるのか」などといった疑問が生まれてきます。

　これまでにも「問題解決の形骸化」などという指摘がありました。現行学習指導要領では，問題解決の活動を通して，3つの柱で整理された資質・能力を育成されることが目標になっていますから，形骸化しているのかそうではないのかは，子どもに資質・能力が育成されているかどうかを見れば，判断がつくと思います。

　授業参観をしていると，子どもの発言に驚かされることが度々あります。3年生が植物の体のつくりについて学んでいたときのことです。ある子どもが「予想していなかったら，あーそうなんだとしか思わない」と発言しました。このような姿から，日々の授業が充実していることや授業者が問題解決の活動を大切にしていること，そして何よりこの子どもには資質・能力が育成されていることなどが推察できます。

　それでは，このような発言をした子ども以外はどうでしょうか。どの子どもにも資質・能力が育成されているのでしょうか。45分の授業しか参観していない私は，この問いに答えることができません。答えることができるのは，その子どもたちに日々理科の授業を行っている教師です。

　子ども一人一人に…と考えることは，これまで大切にしてきた理科の問題解決の活動を，「個別最適な学び」「協働的な学び」という観点から，改めて見つめてみるということなのだと思います。そこで，この後は，主に「個別最適な学び」の観点から，理科の問題解決の活動について見ていきたいと思います。「協働的な学び」の観点については，ICT活用との関連も含め，次節に委ねます。

## 3 「指導の個別化」「学習の個性化」から問題解決の活動を見つめる

　まず，「指導の個別化」についてです。先述したように，令和３年答申において，すべての子どもに資質・能力を育成するために，子ども一人一人の特性や学習進度などに応じて，指導方法や教材，学習時間等の柔軟な提供・設定が必要であることが記されています。

　理科の問題解決の活動においては，子ども一人一人が自然の事物・現象にじっくりと関わる機会を保障したり，問題に対する自分なりの予想や考えをもつことができるような場面を設定したりする中で，教師が子ども一人一人をしっかりと見取り，適切な支援を行うことが大切です。現在はICT端末を活用し，子どもの考えを把握しようとする取り組みが進んでいます。ICT端末を効果的に活用すること自体が目的ではないため，今まで以上に子ども一人一人を理解しようとする教師の姿勢がとても重要であると思います。

　次に，「学習の個性化」についてです。これについても先述したように，令和３年答申では，子どもの興味・関心・キャリア形成の方向性等に応じて，教師が子ども一人一人に応じた学習活動や学習課題に取り組む機会を提供することが重要であることが示されています。

　この「学習の個性化」の観点から，理科の問題解決の活動を見つめていくとき，多くの先生方に迷いが生まれるのではないかと思います。かくいう私もその一人です。

　先生方の迷いがどこから生まれるのかを想像した場合，以下の２点が挙げられるのではないでしょうか。

　１点目は，「理科は，学習指導要領において，習得する知識に関する内容が示されている」ということです。「学習の個性化」という観点から，子どもが解決したい問題を追究するような展開にしようと考えたとき，その活動が，学習指導要領に示されている知識の習得に向かわない恐れがあることが懸念されます。

　「子どもが解決したいこと」と「教師が習得させたいこと」が一致す

ればよいのですが、いつもそうなるとは限りません。

2点目は、「理科では、実証性、再現性、客観性などといった条件を検討する手続きを重視しながら、問題を解決していく」ということです。

子ども一人一人が、自分の解決したい問題を解決していこうとすると、極端な話、学級に30人の子どもがいれば、そこに30通りの問題解決が展開されることになります。そうなると、それぞれが実証性、再現性、客観性などといった条件を検討する手続きを踏んで問題解決を行うことが難しくなります。

では、理科の問題解決の活動を「学習の個性化」という観点から見つめたとき、これらの迷いをどのようにクリアしていけばよいのでしょうか。私は、「問題解決の活動の展開の仕方は1つではない」と考えればよいのではないかと思います。

以下にいくつかの展開例を示し、それぞれのよさや留意点を示します。

## (1) 「共通の問題を同じ検証方法で追究する」展開

この展開では、自然の事物・現象から、学級全体で解決する共通の問題を設定します。予想はそれぞれ異なるかもしれませんが、同じ方法の観察、実験を行います。そして、その結果をもとに全員で考察し、結論を導き出します。

第3学年「太陽と地面の様子」の学習を例に挙げて説明します。

日なたと日陰の地面の様子を比べ、温かさや湿り気の違いなどから、「地面は日光によって温められているのか」という問題を学級全体で共有します。その問題を解決するため、子どもたちは校舎周辺でずっと日光が当たる場所と全く日光が当たらない場所を決めて、地面の温度を継続して測定し、その結果を踏まえて、地面は日光によって温められていることを捉えます。

このような展開の場合、温度の測定場所はそれぞれ異なりますが、全ての結果を共有することで、再現性を保障しながら検討することができます。よって、考察もみんなに承認され、公認されやすくなります。

留意すべき点としては、日なたと日陰の地面の様子を比べ、温かさや

湿り気の違いなどから子どもが見いだす問題は，全員同じとは限りません。たとえ「地面は日光によって温められているのか」という問題が見いだされたとしても，「地面を温める要因は，日光ではない」と考える子どももいるかもしれません。

　子どもの考えは多様です。このような場合を「協働的な学び」という観点から考えれば，互いの考えに触れ，刺激し合うことができる場面と捉えればよいのではないかと思います。

## (2)　「共通の問題を異なる検証方法で追究する」展開

　この展開では，自然の事物・現象から，学級全体で解決する共通の問題を設定します。それぞれの予想を検証する方法が異なるので，複数の方法で観察，実験などが行われることになります。それぞれの検証方法で観察，実験を行い，それらの結果をもとに全員で考察し，結論を導き出します。

　第5学年「電流がつくる磁力」の学習を例に挙げて説明します。学級全体で「電磁石を強くするには，どうすればよいのだろうか」という問題が設定されました。子どもは「電流を大きくすると，電磁石は強くなると思う。4年生のときに，乾電池2個を直列につないだとき，電流が大きくなって，モーターカーが速く走ったから…」とか「コイルの巻き数を増やせば，電磁石は強くなると思う。なぜなら…」などというように，それぞれが予想をします。そこで，自分の予想が正しいかどうかを検証する方法を考え，それぞれが実験を行います。そして，それぞれの結果をもとに考察し，電磁石の性質についての結論を導き出します。

　問題に対する予想は，みんな同じというわけではありません。各自が，自分の予想が確かなのかどうかを追究したいという思いを抱くのは当然です。自分の予想を確かめたいという意欲が高まり，主体的に問題解決を行う子どもの姿が期待できるでしょう。

　一方，検証方法が多岐にわたると，その方法が適切なのかどうかを検討する時間が多く必要になります。この活動をおろそかにすると，得られた結果をもとに考察することができず，結局，子ども自身が問題を解

決したという納得を得ることが難しくなります。また，互いに実験の結果を得るまでの過程を共有できていないと，実験結果をどのように解釈してよいかわからないので，その理解に時間がかかります。

　共通の問題に対して複数の予想がある場合には，全員で，一つ一つの予想について確かめていくという展開もあります。目の前の子どもの思いや願い，資質・能力がどの程度育成されているかなど，子どもの実態を踏まえて，柔軟に展開していくことが大切だと考えます。

(3)　「複数の問題をみんなで順番に追究する」展開

　この展開では，自然の事物・現象から，子どもたちが解決したい複数の問題を設定した上で，一つ一つの問題を全員で解決していきます。

　第3学年「磁石の性質」の学習を例に挙げて説明します。磁石を自由に使って様々な活動ができる場を設定すると，子どもは，極について興味をもったり，磁石に引きつけられる物に興味をもったり，磁化について興味をもったりします。そこで，「磁石の極にはどのような性質があるのか」「磁石はどのような物を引きつけるのか」「磁石に付けた物は磁石になるのか」など，最初に複数の問題を設定します。その後，みんなで一つ一つの問題を解決していきます。

　このような展開では，自然の事物・現象に出合った際に，子ども一人一人が見いだした問題が大切にされるので，問題解決に主体的に取り組むことができます。

　一方，子どもが見いだす問題が，学習指導要領の範囲を超える場合が生じます。自然の事物・現象との出合い方が重要ですが，もし子どもが見いだした問題が学習指導要領の範囲を超え，理科の時間では取り上げることが難しい場合，その子どもにあわせた説明が必要になるでしょう。

(4)　「共通の問題をみんなで追究した後に個別の問題を追究する」展開

　この展開は，前半と後半で学び方が大きく異なります。前半は，学級全体で解決する共通の問題を設定し，学級全体で解決していきます。この前半で，単元で扱う知識に関する内容はすべて学習を終えるようにします。後半では，前半の学習を通して見いだした問題を個人で追究する

という流れです。

　第6学年「てこの規則性」の学習を例に挙げて説明します。学習前半では，学級全体で，てこの規則性や，身の回りにはてこの規則性を利用した道具があることを学習します。そして後半では，前半の学習を通して各自が見いだした「てこの規則性を利用したオリジナル道具をつくろう」「支点と力点の距離を長くしても，きまりは成り立つのか」などといった，解決したい問題や実現したい思いや願いを個人で追究します。

　この展開では，共通の問題をみんなで追究する中で，学習指導要領で示されている内容を習得することができるので，単元の後半において，子どもが各自解決したい問題を追究しても，学習指導要領に示されている内容が未履修になるという事態は生じません。単元の後半で子どもが追究する問題は，学習指導要領の範囲を超えてもよいので，子どものやりたいことが追究でき，主体的に学習に取り組む姿が期待できます。

　一方，理科の学び方を知っている子どもでなければ，単元後半の学びの充実を図ることが難しいでしょう。単元の後半は，問題解決が子どもの数だけあるので，適切な指導が難しくなることが予想されます。


　このように，理科の問題解決の展開の在り方について，いくつかの例をまじえて説明してきましたが，展開例はこれだけではありません。それぞれの単元において，どのような展開にするかを考える際には，物質・エネルギー・生命・地球という，それぞれの領域の特性を考えることや目の前の子どもにどのような資質・能力が育成されているのかということ，教師が子どもをどのように評価しているのかなど，他にも重要な視点がたくさんあるでしょう。

　理科の問題解決の活動を固定的に捉えるのではなく，「個別最適な学び」「協働的な学び」という観点から，学習活動の充実の方向性を捉え直し，目の前の子どもの実態，理科の学びの特性を踏まえ，柔軟に考えることが大切ではないかと思います。

（鳴川哲也）

# 3

## 「個別最適な学び」「協働的な学び」と ICT─その可能性と限界─

### 1 科学的な問題解決のためのICT活用

　小中高等学校の学習指導要領解説理科編の目標に着目すると，「科学的に問題解決（中高は「探究」）する」ために必要な資質・能力を育成することがうたわれています（文部科学省，2017a; 文部科学省，2017b; 文部科学省，2018）。したがって，理科における学びとICTは，子ども一人一人が「科学的に問題解決（探究）する」ための支援となることが求められます。また，「科学的に問題解決（探究）する」学習活動として，自然の事物・現象に直接触れながらの観察，実験，課題の把握，情報の収集，処理，一般化などが挙げられます。理科の観察や実験は，直接体験が基本となっているため，ICTは観察，実験の代替ではないことを，教師は意識しておくことが重要です（文部科学省，2021a）。

　令和4年度全国学力・学習状況調査の結果（概要）を見てみると，小学校理科の調査結果のポイントとして，次の課題が認められました（国立教育政策研究所，2022）。

・学習指導要領で重視されている問題解決の力を踏まえて初めて出題した「問題の見いだし」（身の回りの生物や物の溶け方に関すること）については，気付いたことをもとに分析して解釈し，適切な問題を見いだすことに課題が見られる。

・自然の現象（水の状態変化）については，知識を日常生活に関連付けて理解することに引き続き課題が見られる。

　また，同調査の中学校理科の課題は次の通りです。

・学習指導要領において科学的に探究する学習が重視されていることを踏まえ，探究の過程における検討や改善を問う設問について，他者の

考えの妥当性を検討したり，実験の計画が適切か検討して改善したりすることに課題が見られた分野がある（力の働き，天気の変化等）。

これらの課題を鑑みると，適切な問題を見いだしたり，知識を日常生活に関連付けて理解したりするために，ICTを活用した学びをデザインすることが考えられます。また，他者の考えの妥当性を検討したり，実験の計画が適切か検討して改善したりする能力を高めるために，ICTを活用した学びをデザインすることも重要です。

次項では，その具体的な授業の在り方について述べていきます。

## 2 理科におけるICTを活用した学びとは

「資質・能力を育むために重視する探究の過程のイメージ」の図（図1）を見てみると，学習過程は「課題の把握（発見）」「課題の探究（追究）」「課題の解決」が挙げられ，この学習過程における「対話的な学びの例」として，「意見交換・議論」「調査」「研究発表」「相互評価」が示されています。理科におけるICTを活用した学びは，このような子どもの「対

図1　資質・能力を育むために重視する探究の過程のイメージ

話的な学び」を促し，理科の資質・能力を養う位置付けとして捉えられるでしょう。

　対話的な学びを図る際には，あらかじめ個人で考え，表現する個別最適な学びを位置付けることが重要です。実際，「理科の資質・能力を育むために重視する探究の過程のイメージ」の注4には，「意見交換や議論の際には，あらかじめ個人で考えることが重要である」と記載されています。自分の考えをもつための時間を確保した後，他者との意見交換・議論を促し，自分の考えをより妥当なものにする授業展開が望ましいでしょう。しかし，なかなか自分の考えをもてない子どもが一定数存在します。自分の考えをもつための工夫として，未来の学習のための準備（PFL: Preparation for Future Learning）の学習理論（Bransford and Schwartz, 1999）にあるように，2つ以上のものを比較してその相違点に着目させる「事例対比」を取り入れる方法と，問いを工夫して自分の考えをもてるようにする「自己考案」が考えられます。図2（左図）は，第5学年「もののとけ方とゆくえ」の課題を設定する場面において，児童が食塩を混ぜる前と混ぜた後の写真（や動画）を自身の端末で撮影し，事例比較しているところです。これにより，「なぜ溶けるのか」「どうやったら溶けるのか」という疑問が生じやすくなります。そこで，「どうやったら溶けるのか」という児童の疑問を問いとすると，児童は個々の方略を挙げるようになります。図2（右図）では，「お湯で溶かす」という考え

図2　事例比較（左図）と自己考案（右図）の例

を記述する「自己考案」がなされています。

　それでも個人で考え，表現することが難しい子どもには，インターネットを介してヒントになるような情報を閲覧したり，他者の考えがどのようになっているかを覗き見できるようにしたりする方法が考えられるでしょう。図3は，「個別最適な学び」と「協働的な学び」を一体的に充実させるためのICT活用のイメージを示した図です。この図のように「個別最適な学び」と「協働的な学び」のベン図には重なる部分があり，両者は常に往還しています。そのため，個人の考えをもつためにICTを活用して他者の考えや情報を参考にできる環境を整えることは，自分の考えをもてない，あるいは自分の考えに自信がない子どもにとって，有益なツールとなることが期待できます。

　一方，発達段階によって「自分の意見や考えを共有したくない」と思う子どもが存在することも，教師は理解しておく必要があるでしょう。この理由として，他者から評価されて自分のことを悪く思われたくない

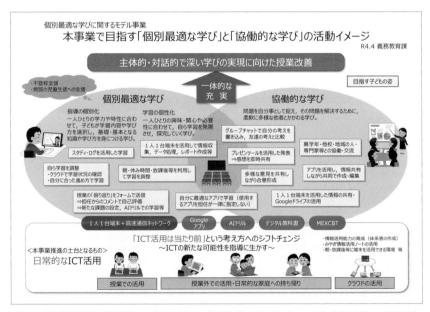

図3　「個別最適な学び」と「協働的な学び」の活動のイメージ（宮城県，2022）

という公的自己意識が，特に小学校高学年から高校生にかけて高まることが指摘されています（例えば，坂口，1989；桜井，1992）。したがって，子どもの実態に応じて，意見や考えの共有は個人のものではなく，班のものとして共有したり，皆に認められたいと願う自己

図4　スライドを用いた考えの共有例（北澤（2023）より引用）

顕示欲が高い子どもの意見のみを共有したりする方法が考えられます。例えば，自由に閲覧したり，編集したりできるスライドを構築することが挙げられます。図4は，自分が考えたプログラミングを皆に見てもらいたいと思う児童が，自身で新しいスライドを作成し，自分のソースコードの画像を貼り付けている例です（北澤，2023）。一方、他者のソースコードを見たいと思う児童は，このスライドにアクセスし，共有されたソースコードを見ながら自身のプログラミングの参考にしていました。これにより，自分の意見を共有したい児童と他者の考えを知りたい児童，両者の学習意欲を高め，「個別最適な学び」と「協働的な学び」を促すことが期待できます。

### 3 「協働的な学び」の場面における教師のICT活用

　「協働的な学び」の場面では，ICTを活用することで，教師が子どもの学習状況を確認し，適切な助言などを行うことができるようになります。山田他（2022）は中学校第1学年「力のはたらき」の授業において，教師がどのようにICTを活用しながら授業づくりを行っているかを，単元を通じて参与観察しました。そして，1人1台端末を活用した協働学習の場面に着目し，教師がICTを活用する行動パターンをまとめました（図5）。

　理科の問題に対して，実験計画を立案したり，実験結果をまとめ，考察したりするような班ごとの話し合いの場面では，教師は手元の端末のモニタリング機能を用いて各班の端末のログイン状況を確認し，端末の

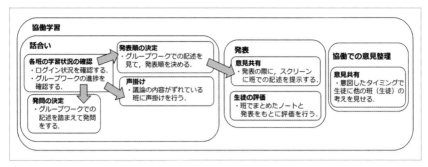

図5　協働学習における教員の授業支援アプリ活用（山田他，2023をもとに作成）

記述状況からグループワークの進捗を注視していました（各班の学習状況の確認）。もし，書き込みが乏しい端末を発見した場合は，教師は議論が思うように進んでいないと判断し，その班のもとへ歩み寄り，適宜助言を行いました（声かけ）。

　さらに，各班の端末の記述内容を確認した後，どの班も着目していない事象があった場合は，クラス全体でおさえておきたい事象について声かけを行ったり，新たな問いを投げかけて子どもが気付かなかった新たな事象への気付きを促したりしました（発問の決定）。加えて，各班の端末に記述された内容を確認しながら班の発表順を考えたり，似たような考えの班を確認してグルーピングしたりしていました（発表順の決定）。

　発表の場面では，端末の記述内容を投影しながら生徒が発表を行い（意見共有），教師は発表の様子を見ながら，子どもの評価を行いました（評価）。各班の発表後には，改めて個人や班の意見を振り返り，修正する協働での意見整理の場面が設けられていました。この場面では，すべての班の記述内容を子どもたちが手元の端末を介して閲覧できるように教師が設定し，教師が意図したタイミングで，他の班の記述内容を見ることができることを子どもたちに周知しました（意見共有）。子どもたちは各班の意見を参考に学びを振り返り，教師は修正された記述内容を評価していました。

　以上のように，理科の協働学習の場面でICTを活用すると，子どもの

学習状況が見える化されるため，教師は声かけや問いを検討しながら授業運営を行い，子どもを評価することが可能になるでしょう。

## ４ ICT活用の可能性と限界

### (1) 教育データの利活用

　１人１台端末の普及により，子どもの教育データの利活用が検討されています。図6は，教育データ利活用の目的を示した図です。

　「①子供の視点」では，「学びを振り返る」ことや「学びを広げる・補う」こと，「学びを伝える」ための教育データの利活用が挙げられています。理科では，子どもが自身のデータを確認しながら，得意・不得意の単元を見いだしたり，より高次の学習に触れたりする機会が得られるようになることが期待できるでしょう。

　「②教師の視点」では，「きめ細かい指導・支援」のために教育データを利活用することが挙げられます。子ども一人一人に関する様々なデータを把握できるようになることから，声かけのポイントや，特に指導を強化すべき単元を，個人や学級，学年レベルで理解することができるようになるでしょう。さらに，子どもの実態を鑑みた班編成を行うなど，協働的な学びを促進することに教育データが役立つと考えられます。

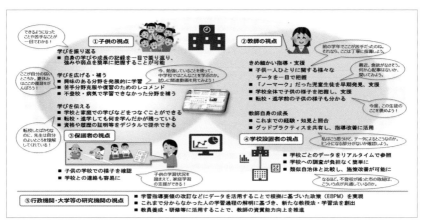

図6　教育データ利活用の目的（文部科学省，2021）

「③保護者の視点」では，理科の学習状況に関する我が子の実態を把握できるようになり，家庭学習の支援や博物館や自然体験等の機会が保護者の支援でなされるようになるかもしれません。さらに「④学校設置者」や「⑤行政機関・大学等の研究機関の視点」による教育データの利活用により，国レベルでの理科に関する学習内容の検討や，自治体レベルでの教員研修の在り方について示唆が得られるようになるでしょう。しかし，個人情報保護の観点から，データ分析の際に匿名化を行うことや，データ分析の結果をどこまで公表するかということが課題です。

## ⑵　子どもの情報活用能力と教師のICT活用指導力

　情報モラル・情報セキュリティ等に対する子どもたちの認識は高く，情報活用能力は向上しています（文部科学省，2023）。しかし，情報を適切に取捨選択すること，データを正しく取り扱うこと，引用元を正確に明記することなどは，理科の授業でも指導が求められるでしょう。

　また，教師のICT活用指導力については，授業にICTを活用することへの苦手意識が高い教師が一定数存在します（文部科学省，2023b）。そのため，校内研修等で実際にICTを活用する授業実践を行い，研鑽する体制を整えることが課題といえます。

文献

Bransford, J. D., and D. L. Schwartz.（1999）Rethinking Transfer: A Simple Proposal with Multiple Implications, *Review of Research in Education* 24, pp.61-100.

北澤武（2023）「小学校における探究と創造の往還を目指したSTEAM教育の取組」日本科学教育学会年会論文集47，pp.191-192

国立教育政策研究所（2022）「令和４年度全国学力・学習状況調査の結果（概要）」

文部科学省（2017a）「小学校学習指導要領（平成29年告示）解説　理科編」

文部科学省（2017b）「中学校学習指導要領（平成29年告示）解説　理科編」

文部科学省（2018）「高等学校学習指導要領（平成30年告示）解説　理科編 理数編」

文部科学省（2021）「教育データの利活用に係る論点整理（中間まとめ）概要」
　https://www.mext.go.jp/content/20210331－mxt_syoto01－000013887_5.pdf
　（参照日2023/09/12）

文部科学省（2023a）「情報活用能力調査（令和３年度実施）の調査結果【令和５年３月】」
　https://www.mext.go.jp/content/20230712－mxt_jogai01－000026776－001.pdf
　（参照日2023/09/12）

文部科学省（2023b.9）「令和４年度学校における教育の情報化の実態等に関する調査結果（概要）〔速報値〕https://www.mext.go.jp/content/20230913－mxt_jogai02－000030617_0913.pdf
　（参照日2023/09/12）

宮城県（2022）「個別最適な学びに関するモデル事業」
　https://www.pref.miyagi.jp/documents/42025/r4_kobetsu_image.pdf（参照日2023/09/14）
阪口木綿子他（1989）「思春期の自己意識についての一研究」『大阪市立大学生活科学部紀要』36,
　pp.159-168.
桜井茂男（1992）「小学校高学年生における自己意識の検討」『実験社会心理学研究』32（1），
　pp.85-94.
山田純他（2023）「ICT を用いた学習状況の見える化による教員の行動パターンに関する分析」
　2022年度JSiSE学生研究発表会（四国地区），pp.245-246.

（北澤　武）

# つながる理科・
# 広がる理科

# 1

# STEM／STEAM教育

　近年，世界的にSTEM／STEAM教育が注目されています。日本においてもSTEM／STEAM教育の推進がうたわれ，今後，具体的な取り組みが加速していくと予想されます。本節では，STEM／STEAM教育への理解の一助となるよう，基本的なことについて概観します。

## 1 STEM／STEAM教育って何？

### (1) STEM教育とは

　"STEM（ステム）"は，Science（科学），Technology（技術），Engineering（エンジニアリング）and Mathematics（数学）という4つの分野の頭文字を取った造語です。Sanders（2009）によると，"STEM"という用語は，1990年代に，全米科学財団（NSF）が"SMET (Science, Mathematics, Engineering and Technology)"という略語を使い始めたことが起源とされています。その後，NSFの職員が「"SMET"が"SMUT"（よごれ，黒穂病）に聞こえる」と不満を漏らしたことから"STEM"という用語が生まれました。

　STEM教育の定義に関しては，科学，技術，エンジニアリング，数学の4分野を個別に捉える立場や統合的に捉える立場などがあり，必ずしも十分な合意が得られているわけではありません。近年は，後者の統合的に捉える立場が主流となっています。本節においてもこの立場をとり，STEM教育を「科学，技術，エンジニアリング，数学の各分野の教育を統合して学ぶアプローチ」と捉えておきます。

### (2) 技術（T）とエンジニアリング（E）って何？

　教育の文脈において，技術（T）やエンジニアリング（E）は，馴染みのあるものとはいえず，よくわからないという方も多いのではないでしょうか。技術やエンジニアリングを一義的に規定することは難しいの

ですが，ここでは，全米研究協議会National Research Council（2012）の言葉を借りて技術とエンジニアリングを捉えようと思います。

●技術：Technology
・人間のニーズや欲求を満たす自然界からつくられた人為的成果物。
・広い視野で見た場合，人間がつくり出したあらゆる種類のシステムやプロセスを意味する。
●エンジニアリング：Engineering
・人間のニーズや欲求を満たすモノ，プロセス，システムをデザインするための体系的かつ反復的な取り組み。
・人間の問題に対して解決策を得るための，体系的なデザインの実践を意味する。

　これを見ると，技術とエンジニアリングには，共通点と差異点があることがわかります。共通点は，どちらも人間のニーズや欲求を満たそうとする点にあります。差異点は，エンジニアリングが人間のニーズや欲求に基づいて何かをつくり出す「取り組み」を意味し，主に解決のための実現プロセスを指している一方，技術はエンジニアリングによって具現化された「成果物」を意味し，主に結果としてつくり出されたモノなどを指している点です。

　このように共通点や差異点を概観すると，技術とエンジニアリングは，人間的な視点が含まれる創造的な営みであることがわかります。技術やエンジニアリングが位置付いたSTEM／STEAM教育には，理科や数学の探究的な学びに加えて，創造的な学びが含まれる点に留意しておくとよいでしょう。なお，National Research Council（2012）は，科学とエンジニアリングの営みを8つの取り組みとして示しています（表1）。STEM／STEAM教育における探究的・創造的な学びを展開する際の参考になるでしょう。

表1　科学とエンジニアリングの取り組み
（National Research Council,2012をもとに筆者が作成）

| | 科学的な取り組み | エンジニアリングの取り組み |
|---|---|---|
| 1 | 問いを立てる | 問題を定義する |
| 2 | モデルをつくり使用する | モデルをつくり使用する |
| 3 | 調査を計画し実施する | 調査を計画し実施する |
| 4 | データを分析し解釈する | データを分析し解釈する |
| 5 | 数学と計算論的思考を活用する | 数学と計算論的思考を活用する |
| 6 | 説明を構築する | 解決策をデザインする |
| 7 | 証拠に基づいて議論する | 証拠に基づいて議論する |
| 8 | 情報を得て，評価し伝達する | 情報を得て，評価し伝達する |

## ⑶ STEAM教育とは

　ここまで「STEM教育」について述べてきましたが，日本においては「STEAM教育」の方が一般的かもしれません。"STEAM（スティーム）"は，STEMに"A"，すなわち，芸術のArtやリベラルアーツのArtsを加えた用語です。2006年にバージニア工科大学のYakmanが初めて使ったと考えられています（胸組，2019）。"A"の捉え方についても様々な主張がありますが，STEMにArt/Artsを加えてSTEAMとすることで，拡散的思考に基づく創造に力点が置かれるようになりました（Sousa & Pilecki, 2013）。日本においては，文部科学省（2021）がSTEMに加え，芸術，文化，生活，経済，法律，政治，倫理等を含めた広い範囲でAを定義し，STEAM教育を各教科等での学習を実社会での問題発見・解決に生かしていくための教科等横断的な学習と捉えています。

## ⑷ なぜSTEM／STEAM教育？ 何を目指しているの？

　ところで，なぜSTEM／STEAM教育が国内外で注目されるようになったのでしょうか。

　1つめは，STEM（理工系）人材の育成と確保のためです。世界的に，STEM分野の労働力不足が問題となり，STEM人材の育成と確保の重要

性が指摘されてきました。STEM教育は，国の競争力の問題とも関わる国家の重要戦略の一つにもなっています。

　2つめは，IoTやAIに代表される第四次産業革命やSociety5.0時代に必要な資質・能力の育成のためです。例えば，OECDのEducation 2030プロジェクトでは，社会を変革し未来を作り上げていくための資質・能力の一つに「新たな価値を創造する力」が設定されています（OECD, 2018）。また，Griffinら（2010）の21世紀型スキルでは，「創造性とイノベーション」「批判的思考・問題解決・意思決定」「コラボレーション」などが挙げられています。急速なデジタル化によって将来の仕事も変わることが予想され，これからの時代を生き抜く資質・能力の育成が不可欠となりました。そのため，これまで重視してきた個別の教科を学ぶ教育に加えて，異なる分野を統合的に捉え，自ら問題を見いだし解決する探究的・創造的な教育にも力点を置くことが求められるようになりました。

　STEM／STEAM教育では，STEM（理工系）人材の育成を念頭に置きつつも，これからの社会を見据え，文系・理系を問わずすべての人を対象に，21世紀に必要な資質・能力を育てていくことを目指しているのです。

## 2 STEM／STEAM教育を具体化するために

　先にも述べたように，STEM／STEAM教育では，複数の教科等を統合的に扱う学習活動が求められます。本節では，STEM／STEAM教育を具体化するための視点を2点に絞って述べたいと思います。

### (1) 複数の教科等を統合する3つのアプローチ

　「複数の教科等を統合する」と聞いたとき，どのようなイメージをもつでしょうか。ここでは，統合の度合いによって分けられた3つのアプローチを紹介します（図1）。

　まず，統合の度合いが低い「Multidisciplinary」アプローチ（図1の左）は，共通テーマをもとに，各教科で個別の概念やスキルを学習します。「太陽系」をテーマとした場合，理科では惑星の特徴を学習し，図工で

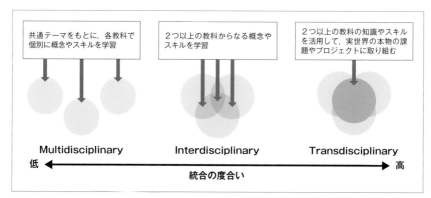

図1　統合的なアプローチの種類とイメージ
　　　（Holbrookら，2020を参考に筆者が加筆・再構成して作成）

は太陽系のモビール作りをするといった具合です（Vasquezら，2013）。次
に，それよりも統合度が高い「Interdisciplinary」アプローチ（図1の中）
は，2つ以上の教科からなる概念やスキルを学習します。理科の学習に
おいて算数/数学と関連させることや，理科においてものづくりに取り
組む際，技術やエンジニアリングと関連させることなどが考えられます。
最も統合度が高い「Transdisciplinary」アプローチ（図1の右）は，2つ
以上の教科の知識やスキルを活用して，実世界の本物（オーセンティック）
の課題やプロジェクトに取り組みます。例えば，総合的な学習（探究）
の時間において，学校や家庭，地域等から問題や課題を見いだし，各教
科等での学びを生かして学習していくことなどが考えられます。ただし，
特定の教科内容に依存しないため，育成する資質・能力（例：問題解決・
批判的思考など）や中心的な概念（例：持続可能な社会づくり，○○資源の有限
性など）を位置付けることが必要です。
　3つのアプローチに優劣があるわけではありませんが，統合の度合い
によって育成したい資質・能力が変わってきます。何を目指したSTEM
／STEAM教育かを検討し，授業デザインすることが大切です。

## ⑵　教科等を横断する「見方・考え方」

　STEM／STEAM教育では，統合的な学びを展開することから，必然

的に教科等を横断する「見方・考え方」が必要となります。National Research Council（2012）では，それを「領域横断概念」として，①パターン，②原因と結果，③スケール・比・量，④システムとシステムモデル，⑤エネルギーと物質，⑥構造と機能，⑦安定性と変化，の7つを示し，統合された学びの中に織り込んでいくことを求めています。これは，日本における各教科等で働かせて醸成されていく「見方・考え方」とも類似した考えです。STEM／STEAM教育の中で，教科等を横断する「見方・考え方」を総合的に働かせることができる学習環境の提供が大切となります。

## 3 STEM／STEAM教育の実践事例

　ここでは，筆者も授業づくりに参加した，小学校理科と総合的な学習の時間をSTEM／STEAM化した事例を紹介します。紙幅の都合で概要のみとなりますが，詳細を知りたい場合は竹本・熊野（2022）を参照してください。

(1)　小6理科「電気の利用：電気を作り，ためて，上手に使う！」

1次：日本の電気エネルギー事情（導入）
2次：電気の発電・蓄電・変換
3次：電気の有効活用（制御・プログラミング）

　本事例はInterdisciplinaryアプローチ（図1参照）であり，エネルギー領域の下位概念「エネルギー資源の有効活用」を目指して理科をSTEM／STEAM化しています。単元全体を通して「持続可能」をキーワードとし，「電気エネルギーを使いすぎない」「上手に使う」など，児童の思いや目的意識を大切にして展開しました。第3次では，第2次の理科の学びを生かして，IoTブロックを使用した「エコ扇風機」作りを行いました。これは技術（T）やエンジニアリング（E）と関連させた活動で，エンジニアリングの取り組み（表1参照）を導入しています。また，児

童は「原因と結果」の視点でプログラミングを捉え，「人の感知（原因）
→スイッチ入→扇風機の回転（結果）」など，教科等を横断する「見方」
を働かせて「エコ扇風機」の製作に取り組みました。

⑵　小5総合「SDGsから私たちの町を考える」の実践

> 1次：SDGsって何だろう？（導入）
> 2次：SDGsの視点で身の回りを見つめてみよう
> 3次：身の回りの課題を解決しよう

　本事例はTransdisciplinaryアプローチ（図1参照）であり，「実世界で
課題を解決する能力」の育成を想定して，「総合的な学習の時間」を
STEM/STEAM化しています。「すべての人が幸せに生活できる社会の
構築」を本単元の中心的な概念として位置付け，身の回りの課題解決に
取り組む学習計画を立てました。児童は身の回りの環境をSDGsの視点
で調べ，「自然環境」「交通」「高齢者や幼児」などに関わる課題を見い
だしました。この活動は，A（Arts）に相当し，社会と人間のつながり
を多角的に捉えるなど，拡散的な思考が働いていました。その後，チー
ムに分かれて具体的な課題解決のためのものづくりに試行錯誤しながら
取り組みました。あるチームは「水温と生物の活動の関係」に関心をも
ち，水槽の温度が高くなったらセンサーで伝え，水を補充して水温を安
定させる仕組み作りを探究しました。児童自らが見いだした実世界の本
物の課題に取り組み，解決に向けて各教科等の知識や技能，見方・考え
方を総合的に働かせる実践となっています。

　本節では，STEM/STEAM教育の基本的なことについて述べました。
横文字が並ぶ新しい教育と感じた方も多いかもしれませんが，その本質
を見つめると，子どもの興味や好奇心を原動力とした「学習者主体」の
学びの重要性に気付きます。それは，「これまで」も「これから」も大
切にしていくことです。「理科教育」か「STEM/STEAM教育」か，

という二項対立ではありません。理科固有の学びによって得られた資質・能力や見方・考え方はSTEM／STEAM教育の学びにとって不可欠なものであり，STEM／STEAM教育での学びの場は，理科教育で学んだことを生かす新たな文脈の提供につながります。そのことを踏まえて，これからの理科授業実践，STEM／STEAM教育実践に取り組んでいくことが肝要です。

文献

Griffin, P. McGaw, B. and Care, E.（Eds）（2010）Assessment and Teaching of 21st Century Skills. New York: Springer.（三宅なほみ監訳, 益川弘如・望月俊男編訳（2014）『21世紀型スキル：学びと評価の新たなかたち』北大路書房）

Holbrook, J., Rannikmäe, M. & Soobard, R.（2020）Chapter31: STEAM education: A Transdisciplinary Teaching and Learning Approach, In Ben Akpan & Teresa J. Kennedy（Eds）. *Science Education in Theory and Practice: An Introductory Guide to Learning Theory.* pp.465-477, Springer Nature Switzerland.

文部科学省（2021）「STEAM教育等の教科等横断的な学習の推進について」https://www.mext.go.jp/content/20210716-mxt_kyoiku01-000016739_1.pdf（参照日2023.08.31）

胸組虎胤（2019）「STEM教育とSTEAM教育: 歴史, 定義, 学問分野統合」『鳴門教育大学研究紀要』34, pp.58-72.

National Research Council.（2012）A framework for K-12 science education: Practices, crosscutting concepts, and core ideas. Washington, DC: The National Academies Press

OECD（2018）The future of education and skills Education 2030:The Future We Want https://www.oecd.org/education/2030/E2030%20Position%20Paper%20（05.04.2018）. pdf（accessed 2023.08.31）

Sanders, M.（2009）STEM, STEM Education, STEMmania, *The Technology Teacher*, 68(4), pp.20-26

Sousa, D. A., & Pilecki, T.（2013）From STEM to STEAM: Using brain-compatible strategies to integrate the arts. Corwin Press.（胸組虎胤訳（2017）『AI時代を生きる子どものためのSTEAM教育』幻冬舎）

竹本石樹・熊野善介（2022）「第14節 STEM/STEAM教育」日本理科教育学会編『理論と実践をつなぐ理科教育学研究の展開』pp.86-92, 東洋館出版社

Vasquez, J., Sneider, C., & Comer, M.（2013）*STEM Lesson Essentials-Integrating Science, Technology, Engineering, and Mathematics, Grades 3-8*. Portsmouth, NH: Heinemann.

（小川博士）

# 2

## SDGs時代の理科教育

### 1 理科教育は激変する世界で通用するか

#### (1) SDGsの時代がやってきた

　厳しさを増す気候変動，貧困，紛争，感染症。人類はこれまでになかったような厳しい課題に直面しています。このままでは人類は安定してこの世界で暮らし続けることができなくなるのではないかと心配されています。

　そんな危機感をもち，2015年に世界の様々な人々が国連に集い，話し合い，課題を整理し，解決方法を考え，2030年までに達成すべき具体的な17の目標と169のターゲットを立てました。それがSDGsです。

　人類は，今までも様々な課題の解決に挑戦してきました。しかし，情報化・国際化が激しく進む中で，一つの問題から次々と問題の連鎖が続き，その解決に許される時間も短くなってきています。今までの理科教育の内容や指導方法で得られる知見だけでは，世界の変化に対応できなくなっているのが現状です。そのような状況下では，従来の理科授業の達人も，時代遅れの先生になってしまうかもしれません。

#### (2) 新型コロナからわかる激変の時代

　新型コロナは中国の武漢で2019年に発生し，日本でも2020年1月に陽性者が見つかりました。各国で様々な対策が進められていたにもかかわらず，世界中の感染者は4月3日に100万人，15日には200万人，28日には300万人に達しました。5月21日には，累計500万人に達し，死亡者は32万8千人を越えました。日本国内でも，8月には感染者数が100万人に達していました。人の移動や物流の移動を厳しく制限しているにもかかわらず，感染の拡大を阻止することはできませんでした。

## ⑶ 理科だけでは解決できない問題の広がり

　新型コロナウイルス感染症には治療薬も，感染を抑えるワクチンもありませんでした。それどころか感染を防ぐマスクも消毒用のアルコールも店頭から消え，人々に不安と恐怖が広がりました。PCR検査も受けられず，混雑した電車での通勤も感染を拡大させる可能性が高いため，企業では自宅待機や雇止めが広がり，労働者の困窮が広がりました。飲食店も営業の短縮や自粛に追い込まれ，コンサートも中止，スポーツも中止や無観客での開催になりました。オリンピック・パラリンピックさえも延期されました。学校は休校が明けても行事に制限がかかり，人との関わりも失われました。

　新型コロナへの対応は本来，医学・薬学といった理科的な分野の課題です。しかし，現実には様々な課題が一斉に吹き上がり，その対応には一刻の猶予もありませんでした。また，その対応には，政治・経済・語学・宗教や，数学をもとにした情報処理，音楽や美術・ゲームなど，

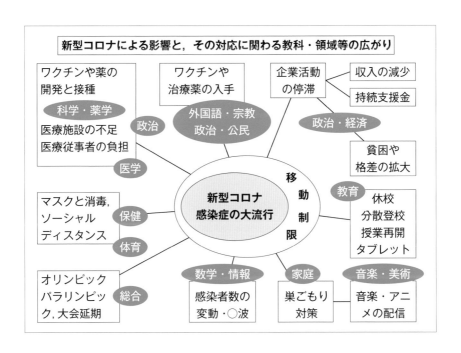

様々な分野の知見が求められていました。そして，これらの中のどこかの対応が不十分だったら，私たちの未来が閉ざされていたかもしれないのです。

　つまり，旧来の教科枠を超えた横断的な指導観に立ち，
①広い視野から世界を捉え，問題の予測や発見をする能力を備えた
②国境や分野を越えて横断的に連携して問題解決に取り組める
人間を育てていくために，教科・領域・学年等を越えて，学校内外の人々とも広く連携・協力してカリキュラムの創造と実践を進めていくことが，理科の教育者にも求められているのです。

## ２ カリキュラム・マネジメントで「汎用的な能力の育成」へ

### ⑴　知識や技能の教育から「汎用的な能力の育成」への転換を図る

　従来の学校教育では，教科等の学習で知識や技能を積み上げ，そこに基礎的な学力の育成を図っていました。しかし，SDGsの時代を迎えると，もはや単発的な知識や技能の優秀さだけでは対応ができない現実があふれているのです。だからこそ，教科・領域をつないで学びのストーリーを紡ぎ，その中から汎用的な，問題発見力・思考力・判断力・表現力・実践力・学びに向かう力や人間性などの資質・能力の育成が求められて

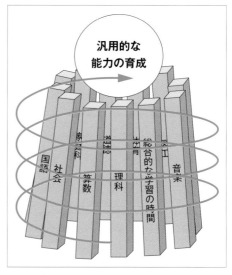

図２　久喜市教育委員会作成の資料をもとに筆者が編集

いるのです。これがSDGsの４として示されている「質の高い教育を全ての人に」の示す意味なのです。

## ⑵ 教科等横断的なカリキュラム「ESDカレンダー」の編成

　東京江東区立東雲小学校で2006年の春に「ESDカレンダー」が生まれました。これは『理科の教育』（2011）に「小学校理科でのESD実践例—教科横断的指導計画の作成と理科の位置づけ—」として掲載されていますが，ここでも少し参照・引用します。

　この事例では，社会科の地域見学の際に，学区域のいろいろなところにいろいろな生き物が暮らしているという発見から学習がつながり始めます。

　各教科・領域の学習内容を「生命尊重」という視点から見直すと，国語には「ありの行列」があり，道徳にも「トンボのすむまち」（動物愛護）理科の「こんちゅうを育てよう」などが見つかりました。

　これらをつなぐ活動として，総合的な学習の時間に「ヤゴ救出作戦」を位置付けました。プールで育ったヤゴを，プール清掃日の排水と一緒に流される前に，地域ボランティアの協力を得てすくいだし，飼育・観

第4章　つながる理科・広がる理科

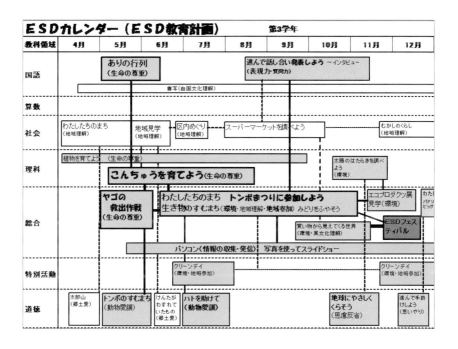

察するのです。また，これらの取り組みを地域の「トンボまつり」や，エコ・プロダクツ展等での発表までつなげるのです。そうすると，国語で培った説明文の書き方や発表のしかたについての学びも生かした発展的な学習の場を作ることができます。

　また，学校外の発表の場に参加することで，他校の子どもたちの取り組みにふれたり，多くの企業や団体が様々な観点から環境の問題に取り組んでいる姿を見たりすることもできます。その中で，自分たちも生命や環境を大切にする活動に取り組む一員としての自覚が育まれます。このように学びを関連付けてつなげることが一人一人の成長にとって価値ある学びをつくることになるのです。

　さらに，校内には「東雲ESDフェスティバル」（その後，SDGsフェスティバルに改称）という全校発信の場も用意されています。学年ごとのテーマに沿ったコーナーが数多くつくられ，全校児童が発表し合い，聞き合い，学び合う機会になっています。このような場でも発信することで，自分たちの学びを再構成したり，振り返ったりすることができ，学びを

我が事として深く自覚されるようになるのです。

## ⑶　教科担任制を支える校内の仕組みをつくる

　⑴～⑸で示してきたSDGs時代の教育づくりは，主として学習指導要領総則でいうところの「教科等横断的な指導」（カリキュラム・マネジメント）に関わる内容です。したがって，学校教育全体の課題であり，学校長の強いリーダーシップと校内組織を挙げた研修や実践なしに実現できるものではありません。

　特に，「働き方改革」の名のもとに教科担任制を取り入れるからと言って「理科の指導については，教科担任の○○先生にお任せして」などと丸投げされたら，理科だけが他教科・領域と切れたままの指導になりかねません。その瞬間に理科教育は時代遅れの教え込み教育の延長線上をひた走ることが決定付けられるのです。

　そうならないように，少なくとも学年全体での研鑽と協働が求められています。つまり，その学年の理科の内容が，どの時期に，他教科・領域の何とどのように結び付けられるのか，それらを踏まえて総合的な学習の時間にどのような単元をつくったらいいのか，そしてそれらの学びをより確かなものにするために，地域の資源とどのように結び付けていったらよいのかなどについて，関係者全員が知恵を出し合って教科等横断的な指導計画（ESDカレンダー）づくりに取り組むことが大事なのです。

　そして，その単元を進める際の授業用に作った指導案やESDカレンダー，ワークシートやその記入した作品例，子どもたちの活動の様子がわかる写真，授業での提示用資料や使い方，保護者や地域への依頼状やお礼状，関係機関の連絡先やメールアドレス・電話番号等がわかるように，校内共有のフォルダー内に年度ごとの資料を蓄積していくようにします。それが学校の教育力を高める貴重な資源となるのです。

## 3 子どもの学びに火をつける

　講演会等に集まった先生方に「皆さんは教師として子どもの主体的な学びづくりに取り組んでいますか」と聞くと，2～6割ほどの先生が手

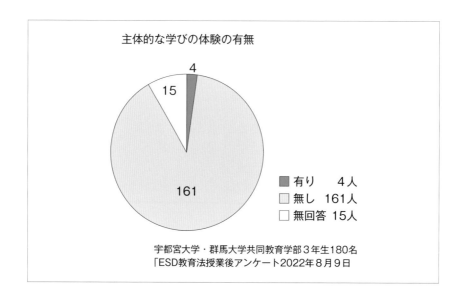

主体的な学びの体験の有無

有り　4人
無し　161人
無回答　15人

宇都宮大学・群馬大学共同教育学部３年生180名
「ESD教育法授業後アンケート2022年８月９日

を挙げてくださいます。しかし，大学３年生180名に「あなたは小学校以来，今までに主体的に学んだという経験をおもちですか」と聞いてみたところ，そのような経験があると答えたのは180人中の４人のみでした。161人は「よく『子どもの思いや願いに応じて』という言葉を耳にするが，それは指導上の建前で，実際には教員のやりたいことを押し付けられているなと感じてきた」というように答えてくれました。

　教師がその授業で何をやらせたいのか，子どもたちは簡単に察知していて，それに合わせた調べ学習をして，教師の喜びそうなまとめをしたり発表をしたりしているだけだというのです。

　双方の話をよく聞いてみると，教師が考えて進めている「主体的な学び」とはいわゆる「調べ学習」のことであり，一見すると学生が自分で調べて，自分でまとめているので，主体的な学びのように見えますが，学生にとっては，教員に言われたり，教科書で指示されたりして取り組んでいるだけのものでした。そのような形ばかりの調べ学習で，真の問題解決能力が育つはずもありません。

　この問題の根は深いように思います。というのも日本中のほとんどの

大人は，主体的に学んだ経験に乏しく，その本当の価値も必要性も，学びの進め方もわかっていないままに教育を語っているからです。「子どもの学力向上」しか語れない大人がいたら，前世紀の亡霊なのです。

SDGs時代に向けて主体的・対話的で深い学びを実現するのなら，細切れの知識を積み上げるのではなく，子どもたちを単元のねらいに直結するような事実と出合わせ，問題意識を掻き立てることが重要です。そこで生まれた疑問や問題意識を構造的にまとめ，中でもどれが重要なのか話し合うことによって，「みんなで学習したい問題」が明らかになります。

こうなれば，問題解決に向けて，どこでどのように学ぶか見通しを立てて調べ，手に入れた情報を整理・共有して，どう判断するか語り合い，活動に取り組むといった主体的・対話的な学びが進むのです。教師としては，子どもたちの学びの個性や方向性をよさとして評価したり，行き詰まっている子の思考を一緒にたどりながら整理させたり，学習過程の途中に相互評価し合う場を設けたりするなど，学びの方向性や進み具合を支えていけばよいのです。

探究的な学びや問題解決的な学びでは，正解が決まっているわけではありません。どの探究活動にも問題をブレークスルーできる可能性があるのです。したがって，教員が画一的な「到達・達成目標」設定をするのではなく，単元の目標を実現する方向に子どもたちを向かわせ，一人一人の成長ぶりを評価するように心がけましょう。

SDGs時代の理科教育では，教科等横断的なESDカレンダーが活用されるとともに，子どもたちの主体的で対話的な学びを通して，彼らの自己変容に結び付くような深い学びが，全国の学校教育に根付いてくれることを期待してやみません。

文献
手島利夫（2011）「小学校理科でのESD実践例―教科横断的指導計画の作成と理科の位置づけ―」日本理科教育学会編『理科の教育』60(6)，東洋館出版社

（手島利夫）

# 3

# ダイバーシティ

## 1 ダイバーシティの視点の重要性

### ⑴ 理科授業で取り残されているのは誰？

　観察や実験といった体験的な活動が多いためか，理科を好む子どもの割合は国語や算数よりも高くなっています。例えば，令和４年度の全国学力・学習状況調査では，「理科の勉強は好きですか」という設問に「当てはまる」もしくは「どちらかといえば，当てはまる」と回答した小学６年生の割合は79.8％であり，国語の59.4％，算数の62.7％を大きく上回っています（国立教育政策研究所，2022）。この結果から，多くの子どもは理科学習に前向きに取り組んでいると予想されますが，約２割の子どもは否定的であること，さらには，中学３年生ではこの設問への肯定的な回答は66.4％まで大きく下落し，国語や数学との差はわずかとなることから，手放しで喜べる状況にはありません。もちろんすべての子どもが理科を好きになるのは不可能でしょうし，理科以外の教科に関心を強くもつことで理科学習から遠ざかることもあるでしょう。しかし，もし理科授業に関わる何らかの原因で，一部の子どもが取り残されているのであれば，その状況を見過ごすわけにはいきません。

### ⑵ 教育の機会均等の実現に向けた多様性の視点

　すべての子どもが理科を十分に学べているのかに教師が疑問をもち，状況改善を試みる際には，ダイバーシティ（多様性）の視点が役立ちます。令和３年１月の中央教育審議会答申「『令和の日本型学校教育』の構築を目指して」では，多様性への配慮が強く打ち出されました。具体的には，「生徒指導上の課題の増加，外国人児童生徒数の増加，通常の学級に在籍する発達障害のある児童生徒，子どもの貧困の問題等により

多様化する子どもたちに対応して個別最適な学びを実現しながら，学校の多様性と包摂性を高めることが必要である」(中央教育審議会，2021)ことがうたわれています。子どもたちの多様化は，理科学習への意欲や姿勢，態度にも様々な違いとして現れるため，それらの違いから教育の機会均等を保障できているのかを判断する必要があります。さらに本答申では，「児童生徒が多様化し学校が様々な課題を抱える中にあっても，義務教育において決して誰一人取り残さない，ということを徹底する必要がある」とされています。理科教育においても，子ども一人一人の能力，適性等に注目して意欲を高める授業を実践することや，グループ実験で多様性を尊重する態度を育成することなどを目指さなければなりません。

## 2 理科教育におけるダイバーシティとは

### ⑴ 子どもの多様性

　理科は自然の事物・現象を対象とする教科であり，それに関わる子どもの経験や既有知識，考え方などは，小学校に上がる前から積み重ねられているため，個人によって異なります。したがって，厳密にいえば，一人一人に応じた理科指導が求められますが，集団での授業で毎時間考慮するのは現実的ではありません。ただ，共通する特性によって，個人ではなく一定の集団としてその特徴を捉え，配慮することも場合によっては可能です。以下では，理科で配慮すべき子どもの特性を考えます。

### ①ジェンダー

　まず，子どもの性別に着目してみると，小学校段階では理科学習に男女差はほとんど見られないという声をよく聞きます。あるとすれば，昆虫に対する好感度において，女子の方がやや嫌悪感をもっているというものです。確かに，理科学習に対する意識や態度については，中学校段階で男女差が明確に表れ，その差は学年が上がると拡大し，大学ともなると理工系を選択する女子が少ないことが問題視されています(稲田，2021a)。しかし，男女差の芽は小学校段階から出てきています。例えば，

ベネッセ教育総合研究所による「第5回学習基本調査」では，「あなたは理科や理科の学習の時間の勉強がどのくらい好きですか」に5段階で選択する問いにおいて，小学5年生で「とても好き」あるいは「まあ好き」と肯定的に回答した割合は，男子が80.2％で，女子が70.2％とすでに10％の差が見られました（ベネッセ教育総合研究所，2015）。また，小学校4～6年生の理科実験のビデオ分析から，女子が実験に積極的に参加しにくい状況が見られ，さらに男子が女子の行動を阻害したり，女子が自ら実験を放棄したりする様子が報告されています（湯本・西川，2004）。加えて，理科実験で男子が危険を伴う作業を行い，女子が記録係を担うといった性別による役割の固定化もいまだに残っているのではないでしょうか。このように，小学校段階から，女子の方が理科学習に消極的で，本人の関心や意思によらず，十分に実験に参加できていない状況であるならば，実験技能や科学的な問題解決能力を高める機会を逸していることになるため，教師による授業改善が欠かせません。それだけでなく，実験での固定化された役割分担は，男子についても実験結果を正確に記録する能力を伸ばせない可能性を示唆していて，注意が必要です。

このような理科学習におけるジェンダーの問題の背景には，自然科学に対するジェンダー固定観念（ステレオタイプ）があり，それゆえに「女子は男子よりも数学や理科が苦手」や「男子は理系・女子は文系」といった不適切なイメージが社会的に浸透しているといわれています。小学生であってもそれまでの成育環境によって理科に対するジェンダーイメージをすでにもっていることが懸念されます。学校の理科授業はそのようなジェンダーイメージを払拭し，性別によらず，誰もが主体的に取り組めなければなりません。加えて，性的マイノリティの子どもは，教科のジェンダーイメージにより強く影響を受けるおそれがあります。

### ②才能児

先述の「令和の日本型学校教育」の答申では，義務教育の目指すべき姿の一つに，「特定分野に特異な才能のある児童生徒が，その才能を存分に伸ばせる高度な学びの機会にアクセスすることができる」と示されて

います（中央教育審議会, 2021）。近年,「ギフテッド教育」や「才能教育」と呼ばれ, 理科に関わる才能を早期に見いだし, その能力を伸長していくための取り組みが広がりを見せています。その中でも国立研究開発法人科学技術振興機構が支援するスーパーサイエンスハイスクール事業は科学技術人材育成として, すでに20年以上の実績を積み, 社会的にも広く認知されています。また, 理数系分野で優れた意欲・能力をもつ子どもを対象に, その能力等のさらなる伸長を目的とした「グローバルサイエンスキャンパス」（高校生対象）と「ジュニアドクター育成塾」（小中学生対象）の事業を統合した「次世代科学技術チャレンジプログラム」が2023年度より開始されています。これらの教育プログラムの詳細は省略しますが, 一部の子どもを対象とするため, 学校の教育課程外で実施されることが多く, 通常の理科授業での対応となると難しいかもしれません。しかし, 隅田（2022）は,「幼い頃から, 身の回りの事物現象に強い関心を示したり, 驚くような抽象的で創造的な思考を示したりする子どもは少なからず存在する。そうした子どもたちは, 通常学級での学習内容・指導方法では不適応を示し, 学習困難に陥ることもある」と指摘し, 教師がそのような子どもの特徴を理解し, ニーズに応じた授業方法, 教材及び評価に求められる技術・能力・知識を習得する必要性を唱えています。

### ③障害のある子ども

　中央教育審議会（2021）は特別支援学級と通常学級との連携に関して, 教科学習についても, 子どもの障害の程度等を踏まえ, 共同で実施可能なものは年間を通じて計画的に実施することと, 両学級の教育内容の関連の確保を図り, 通常学級においては, ユニバーサルデザインや合理的配慮の提供を前提とする学級経営・授業づくりの必要性を示しました。障害のある子ども一人一人の教育的ニーズを踏まえた適切な教育が求められますが, 障害には至らないものの, 通常学級の理科の観察, 実験で配慮が必要な特性もあります。例えば, 感覚過敏という視覚・聴覚・嗅覚・味覚・触覚の五感の働きの中でいずれかの感覚が敏感すぎるために, わずかな刺激にもすぐ反応してしまい, 日常生活にも支障が出る子どもが

います（小野，2018）。感覚の過敏さは，自閉スペクトラム症を含む発達障害との関連も指摘されています（小谷ら，2020）。光や色が大きく変化したり，強烈な臭いや大きな音が発生したりする観察，実験などでは，そのような特性をもつ子どもは不快感を覚えるだけでなく，大きく反応したり，パニックを起こしたりすることもあります。教師は普段から子どもの特性を把握しておくだけでなく，理科の活動でどのような刺激を子どもが受けるのかを予測しなければなりません。感覚過敏でなくとも，土や昆虫を触るのを極度に嫌がる子どもは少なからずいます。その場合にも，教師は子どもの特性と捉え，それらを触ることに抵抗のない子どもと一緒に活動させるなどで無理強いをしないことが求められます（稲田，2021b）。

#### ④外国人

　現在，外国にルーツをもつ子どもが増加しています。まずは教授言語である日本語の指導が必要とされますが，教科学習に自律的に参加できる力を養うことも求められています。理科で特に注目したいのは，「多様な言語や文化，価値観について理解し，互いを尊重しながら学び合い，異文化理解や多文化共生の考え方が根付くような取組を進めることが重要である」（中央教育審議会，2021）という点です。理科の学問的な基盤は科学（Science）にあり，明治時代に日本に入ってきました。そもそも「科学」という言葉自体も明治時代につくられ，ヨーロッパから輸入した考え方，文化であり，日本にとって「科学」は異文化でした。つまり，科学を理解するということは異文化理解ということになります（日置，2007）。そして，日本では「科学」を考え方や思想として取り入れたのではなく，「和魂洋才」と言われるように，日本固有の精神をもちつつ，西洋から実利的な部分を取り入れ，それが欧米諸国の科学教育とは異なる理科教育をつくり上げてきたと考えられています（日置，2007）。野添（2021）も日本では文化としての自然観が教育的に価値付けられていることが，小学校学習指導要領の理科の目標における「自然を愛する心情」の育成に表れていて，自然科学とは異なる理科固有の特性を確認できるとしています。なお，「自然を愛する心情」については，２章４で詳し

く述べています。

　このように，日本の理科は，外国の子どもにとっては，母国や家族から教えられてきた科学の考え方や思想とは異なるものとして映るかもしれません。外国の子どもが，異文化理解として理科を学ぶという視点をもつと，翻って日本の子どもが彼ら／彼女らから科学に関する新たな考え方や思想を得ることも期待できます。

## (2)　教師の多様性

　理科を指導する教師は多様であるべきでしょうか。先の中央教育審議会答申では，学校の教職員組織は，同じような背景，経験，知識・技能をもった均一な集団ではなく，より多様な知識・経験をもつ人材との関わりを常に持ち続ける組織や，当該人材を取り入れた組織であることが望ましいとされています（中央教育審議会，2021）。教師の均一化を理科の文脈で考えてみると，教科担任制である中学校以上の理科教師にはある一定のイメージが付随しているのではないでしょうか。例えば，理科教師の女性比率はいまだ低いために，理科教師といえば白衣を着た男性で，実験器具を片手に数式を操っているような姿を子どもたちは想像するかもしれません。前述のように，理科の得意・不得意が特定の性別と結び付けられたり，理科のネガティブなイメージ（例えば，危険性や理解の困難性など）が固着化したりすると，一部の子どもを寄り付かせなくするおそれがあります。理科教師に多様性があれば，そのような固定化したイメージは生じづらくなりますし，その意味では小学校の学級担任制は理科を得意とする教師だけでなく，多様な関心や能力をもつ教師が理科を指導するため，子どもにとって教科の固定観念を払拭する機会となりうるでしょう。答申では，学校教育活動の充実や教師の負担軽減に資するものとして，小学校高学年からの教科担任制の導入が打ち出され，対象教科の一例として理科が挙げられています（中央教育審議会，2021）。しかし，小学校の理科担当の教師が，中学校以上の性別構成を反映するものになるのであれば，小学校という早い段階から理科の男性的なイメージが強化されてしまう懸念があります。

## ⑶ 授業の多様性

　ダイバーシティとは，一般的に組織の人材に対して用いられる表現ですが，理科教育に関わる人物だけでなく，理科授業の中身，つまり，学習内容や教材，学習方法，学習形態，学習評価等にも適用できる視点です。画一的・固定的な教材や学習方法，学習形態では，多様な子どもの関心を喚起し，学習意欲を高めることは難しく，誰かを取り残してしまうことになりかねません。また，学習評価についても，多様な子どもの多様な能力を的確に把握するには，単一の評価方法では不可能です。多様な子どもに対応するためには，理科教育の内容・方法・評価，さらには，目標にも多様性の視点が求められ，それがまさに「個別最適な学び」の実現へとつながっていくと期待されます（稲田，2022）。地域の気候や植生を生かした学校独自の年間指導計画や教師個人の教材開発など，これまで理科で実践されてきたことも，ダイバーシティの視点で捉え直すと新たな地平が開かれるかもしれません。学校外での取り組みになりますが，具体例として，加納（2023）によれば，対面で開催してきた科学技術イベントを，コロナ禍で全面的にオンラインに切り替えたことで，話した内容を文字にして字幕を出すことができ，ろう児・難聴児が容易に参加することができるようになったそうです。授業への新たな技術の導入は，授業の多様性を高め，多様な子どもの教育の機会均等にも資するといえます。

## 3 ダイバーシティ（多様性）からエクイティ（公平，公正）へ

　前述のように，学校教育における「多様性（ダイバーシティ）」と「包摂性（インクルージョン）」の重要性は，中央教育審議会（2021）の答申にすでに明示されています。これらに加え，現在ではエクイティ（Equity：公平，公正）の考え方が注目されています。多様な子どもに対して，平等（Equality）に機会を与えるだけでは，十分に学べない子どもが出てしまう可能性があるからです。例えば，火を恐れる女子がいるクラスで，教師が全員にマッチを渡し，擦るように促せばそれでよいのでしょうか。

おそらくそれでは，その子どもはマッチを擦れるようにはなりません。その子どもの不安や恐れはどこにあるのかを探り，それらを取り除くような手立てを個別に講じる必要があるでしょう。一人一人のニーズに合わせた対応をすることがまさにエクイティの考え方になります。加納（2023）は科学技術離れ／理科離れそれ自体は，ダイバーシティを尊重する観点からすれば大きな問題とは言えないが，科学技術離れ／理科離れ「させられている」社会的障壁があるのだとしたら，それはエクイティの観点から大きな問題であると指摘しています。学校の理科教育においても，ダイバーシティ，エクイティ，インクルージョンの視点をもって，取り残されている子どもがいないか目を向けていきたいものです。

引用文献

ベネッセ教育総合研究所（2015）「第5回学習基本調査」報告書 基礎集計表（小学生）Retrieved from https://berd.benesse.jp/up_images/textarea/gkihon_data_syou.pdf（参照日2023.09.14）

中央教育審議会（2021）「『令和の日本型学校教育』の構築を目指して～全ての子どもたちの可能性を引き出す，個別最適な学びと，協働的な学びの実現～（答申）」Retrieved from https://www.mext.go.jp/content/20210126-mxt_syoto02-000012321_2-4.pdf（参照日2023.09.14）

日置光久（2007）『「理科」で何を教えるか ―これからの理科教育論―』東洋館出版社，pp.13-25.

稲田結美（2021a）「学校理科教育におけるジェンダーの問題と課題」『学術の動向』26（7），pp.30-35.

稲田結美（2021b）「Q13 学習者の特性に応じた理科指導について述べなさい」片平克弘・木下博義編『新・教職課程演習 第14巻 初等理科教育』協同出版，pp.108-111.

稲田結美（2022）「理科教育におけるダイバーシティ推進とは―ジェンダーの観点を中心に―」『理科の教育』71（12），pp.18-19.

加納圭（2023）「理科離れ再考 ダイバーシティ，エクイティ，インクルージョンの視点から」『現代思想』51（4），pp.108-116.

小谷裕実・藤本文朗・青山芳文・小畑耕作・近藤真理子（2020）『小・中学校の教師のための特別支援教育入門』ミネルヴァ書房，pp.32-35.

国立教育政策研究所（2022）『令和4年度全国学力・学習状況調査報告書質問紙調査』Retrieved from https://www.nier.go.jp/22chousakekkahoukoku/report/data/22qn.pdf（参照日2023.09.14）

野添生（2021）「Q4 自然科学と理科の関係について述べなさい」片平克弘・木下博義編『新・教職課程演習 第14巻 初等理科教育』協同出版，pp.20-23.

小野隆行（2018）『「特別支援教育」重要用語の基礎知識』学芸みらい社，p.90.

隅田学（2022）「理科の才能教育」一般社団法人日本理科教育学会編『理論と実践をつなぐ理科教育学研究の展開』東洋館出版社，pp.62-67.

湯本文洋・西川純（2004）「理科実験における学習者の相互行為の実態と変容に関する研究」『理科教育学研究』44（2），pp.83-94.

（稲田結美）

# 4

# 科学ニュースを読み解く
# 「科学メディアリテラシー」

## 1 「科学メディアリテラシー」とは

・ワクチンを接種すると不妊になる。

・ワクチンを注射すると体に磁石がくっつく。

・ワクチンを接種すると，他の病気になる恐れがある。

・ワクチン接種によって，遺伝子が書き換わる。

・ワクチンにはマイクロチップが入っている。

・ワクチンを接種したら5年後に死ぬ。

・ワクチン接種のねらいは人口削減だ。

・新型コロナウイルスへの予防・治療に対して，「うがい薬」は有効だ。

・新型コロナウイルスは，次世代通信規格5Gによって拡散される可能
　性がある。


　コロナ禍には，たくさんのデマや陰謀論をSNSやニュースサイトで目
にしました。現代社会は，気候変動やパンデミック，新薬の承認，原子
力発電に関連する問題など，科学に関連するニュースが数多くあります。
我々は，テレビやラジオ，新聞などのマスメディアから伝達される科学
ニュースを手がかりに，マスクの着用やワクチン接種，新薬の投与，健
康食品の購入，政治家への投票，反対運動への参加などの判断（意思決
定）をしています。ところが冒頭で示したように，World Wide Webや
ソーシャル・メディア（以下SNS）などの新たなメディアが登場し，正し
い情報だけでなく，不確かな情報，陰謀論等も増加しています。よりよ
い市民になるためには，様々なメディアから得られる科学ニュースの信
頼性を適切に評価する力が不可欠になります。これは大人に限定した話

ではありません。SNSに慣れ親しんでいる全世代が身に付けるべき素養
です。

　科学の内容や方法・手続きの知識を「科学リテラシー」と呼びます。
メディアが伝達する情報を批判的に評価することを「メディアリテラシ
ー」と呼びます。先に示したようにSNSをはじめとする多様なメディア
を流れる科学ニュースを読み解くには，それらを融合させた「科学メデ
ィアリテラシー」が必要になります。PISA 2025（2023）では科学的能
力の一つとして「科学的探究のための設計を構築し，評価し，科学的デ
ータと証拠を批判的に解釈する」能力が提案されました。そこにも，科
学メディアリテラシーが取り上げられています。

　科学メディアリテラシーは，新しい分野です。まずは，読者の皆さん
に概要をご理解いただくことを本節の目的とします。

　図1は，科学者の研究（もしくはニセ科学者の主張）が市民に届き，判断
（意思決定）をする過程です。ここでは，科学者やニセ科学を主張する者
が科学ニュースの情報源を作ることを「生産」とします。様々なメディ
アが科学ニュースを伝えることを「伝達」とします。さらに，伝えられ
たニュースを我々が受け止め，判断（意思決定）することを「消費」と
します。以下では，「生産」「伝達」「消費」に分けて検討します。

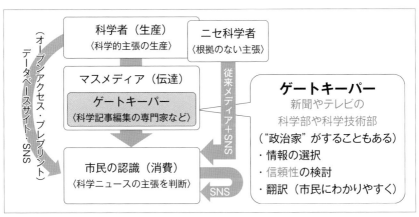

**図1 科学ニュースの伝達過程**

## 2 科学ニュースの「生産」の信頼性をチェックする

### ⑴ 第一次評価：科学研究を直接的に評価する

ワクチンの治験の資料に「本臨床試験は，日本人成人を対象とした二重盲検比較試験（ダブル・ブラインド・テスト）です」と記載がありました。「二重盲検比較試験」は，ワクチンや新薬の治験でよく使われる方法です。接種する医師やスタッフも，接種される患者自身も，それが本物のワクチンか擬似薬かを知らされないという検査法です。新聞の科学ニュースに度々登場するので，一般的な用語になっています。

第一次評価は，科学者が発信する情報を手がかりに，二重盲検比較試験や条件制御の方法，実験対象（人か動物か），サンプルサイズなどから，データの信頼性を検討します。

### ⑵ 第二次評価：科学研究を間接的に評価する

以下に挙げるのは，BonaFidrというニュースサイトのデマニュースです。なお，コロナワクチン接種による妊婦への影響はなく，接種は推奨されています。

> ワクチンはコロナのスパイクタンパク質に対する抗体を生成することが期待されているが，スパイクタンパク質は，『シンシチン・ホモログ・タンパク質』を含んでおり，ヒトなど哺乳動物の胎盤形成に必須であるため，無期限に不妊症を起こす危険性がある。

ところでこの記事は，理科を専門とする教師でも理解の難しい内容でしょう。現代の科学や関連する手法は高度に専門分化しています。科学者であっても専門分野以外の研究は理解できないとされます。一般市民が完全な第一次評価をするのは困難なのです。そこで第二次評価が必要になります。

Natureの論文やIPCC（気候変動に関する政府間パネル）の報告書は，他の科学者によって厳密な審査を受けているため，信頼ある論文とされて

います。審査の結果，掲載されない論文や掲載後に取り消しになる論文もあります。この審査を「査読」と呼びます。つまり，論文には，「査読あり」と，「査読なし」があるのです。なお，学会発表は査読なしが多いようです。科学ニュースに取り上げられた研究が，論文になっているのであれば，「査読」の有無を確認することは，「生産」の信頼を評価する指標になります。例えば，日本の研究者の多くはResearchmap（https://researchmap.jp/）に論文等の実績が登録され，査読の有無も確認できます。

　加えて，研究者の専門分野も確認することをお勧めします。Journal of Biological Regulators and Homeostatic Agentsniに掲載された論文（5G Technology and Induction of Coronavirus in Skin Cells）は，5G技術による感染拡大を主張する疑似科学論文でした。第一の問題は，査読のない論文誌である点です。第二の問題は，執筆者は有名大学に所属しているものの，誰一人として感染症の専門家がいない点です。


　科学ニュースの「生産」の信頼性をチェックするために，第一次評価と第二次評価について解説しました。あなたに変わって，第一次評価と第二次評価をするのが「科学ジャーナリスト」です。次項で詳しく説明します。

## ３ 科学ニュースの「伝達」の信頼性をチェックする

### ⑴ 科学ジャーナリスト（ゲートキーパー）の有無

　新聞やテレビ局の科学班や科学技術部の編集者は，科学ジャーナリストと呼ばれます。科学者の研究の多くは，マスメディアに所属する科学ジャーナリストが，情報選択・信頼性の検討・平易な用語への翻訳を行い，市民に伝達するのが通例です。つまり，科学ジャーナリストがゲートキーパーとして機能し，そこを通過する情報は一定水準の信頼性が担保されるのです（図１）。

　しかし，現代（特に若い世代）は，WebサイトやSNSなどマスメディア

以外から情報を取得することが多いようです。つまり，科学ジャーナリストを通過しない情報が増えているのです。そこには，ニセ科学者の情報，科学を専門としない編集者による信頼性に不安のある情報があふれています。何より，様々なメディアから届いた科学ニュースを市民がSNSに投稿することで，情報は少しずつ変化しながらサイバー空間を漂っているのです。

　市民が第一に確認すべきは，対象のニュースに科学ジャーナリストが関わっているかどうかでしょう。マスメディアの科学ニュースは，科学ジャーナリストが原稿を執筆したり，解説やコメントを加えたりします。ただし，突然の生放送のように，科学ジャーナリストが関わりにくい場面もあります。

　メディアリテラシーでは，信頼のおける発信者からの情報なのかという点について，情報源を精査することが基本とされます。科学メディアリテラシーは，生産，伝達，消費のどのステージから発信されているのかを確認する必要があります。さらに，伝達の過程に科学ジャーナリストがいるかをチェックします。科学ジャーナリストが介在しないであろうニュースは鵜呑みにせず，マスメディアの情報とあわせて判断します。さらに，複数の新聞を比較し，科学ジャーナリストの力点の違いを分析するとよいでしょう。

⑵　メディアの簡略化や誇張

　もちろん，科学ジャーナリストを通過した情報が常に正しいわけではありません。例えば，ノーベル賞は関心の高い科学ニュースです。市民にわかりやすい平易な文章で伝えようと苦心します。一方で紙面の制限があるため，度を超して簡略化することもあります。それによって，科学者の真意が伝わらない報道になることもあります。

　2023年8月22日の新聞に，アルツハイマー新薬の承認に関する記事が掲載されました。新薬の働きや治験による効果，今後への期待のほかに，すべての患者に効くわけではないことや副作用，高額な治療費などの課題も記載されました。先端の科学は教科書に掲載される定説の科学と異

なり，成果が限定的なのが普通です。限界や課題もセットで科学研究の成果なのです。それらを限られた紙面にまとめた記事でした。別のメディアは，治験による効果と今後の期待は掲載していましたが，課題への言及はありません。投与を検討する患者は，プラス面とマイナス面を天秤にかけて意思決定します。しかし，片面の報道のみでは検討の材料が足りません。さらにSNSでは，簡略化された情報に尾ひれが付き，デマ情報と化す場合もあります。

ある週刊誌の中吊りに「中高年に朗報！ Qの接種でガン消滅！」と見出しが掲載されていました。もとになったのは，「Qという物質の最近の研究によると，試験管の中でラットのガン細胞の増殖を抑制する効果が確認された」という研究です。メディアが収益にこだわると，エンターテイメント性や話題性のために，情報を誇張します。収益だけでなく，スポンサー企業や各メディアの立場を加味して記事が作られることもあります。いいねの数を増やそうと「SNS映え」する写真を投稿するなど，SNS上の情報はさらに誇張された表現になります。

各メディアの制約や立場，戦略を理解し，簡略化や誇張と付き合う必要があるでしょう。

### 4 科学ニュースの「消費」の信頼性をチェックする

正しい情報が届きさえすれば，あなたは適切に判断ができるでしょうか？ 実は，一番の課題はあなた自身のバイアス（認識の偏り）です。

人の認識にはバイアスが生じるものです。例えば，同じ情報であっても政党や宗教，好みによって認識が大きく異なります。また，人は自分の主張や趣味嗜好と一致する情報のみを選択的に受け入れる傾向があります。最近のインターネットショッピングでは，ユーザーの評価コメントを参考にしながら商品を購入しますが，買いたい商品が決まっている場合，多くの人は無意識に「よい」評価コメントだけを確認しています。自分の背中を押してくれるコメントを探しているのです。同じように「ワクチン接種はしたくない」と願う人は，「副反応が辛い」「ワクチン

はエリートが大衆を支配する陰謀だ」「実験がきちんとなされていないから危険だ」といった，自分の考えに都合のよい情報を選択的に入手しています。

　バイアスはSNSによって増幅されます。SNSでは似た考えをもつ者同士がフォローし合うため，似た考えの集団が構成されやすいです。先の例だと，「ワクチン接種はしたくない」とする人は，知らず知らずのうちに，似た考えの集団に属している可能性が高いと考えられます。「同

表1　科学的主張の信頼性を評価するチェックリスト

| 大項目 | 小項目 |
|---|---|
| 1．情報源はどこか？ | 1-1　情報源は，科学者（生産者）か，マスメディア（伝達者）か，市民（消費者）か，判別不能か？ |
| 2．証拠（データ）は信頼できるか？ | 2-1　正確な観察・実験か？<br>2-2　正確なデータ（観察・実験）か？<br>2-3　データの数は十分か？<br>2-4　データの処理（統計，グラフなど）は適切か？ |
| 3．解釈は信頼できるか？ | 3-1　主張と証拠（データ）が対応しているか？<br>3-2　研究の課題や限界（不確実性）を取り上げているか（全てに「効く」など極端な主張ではないか）？ |
| 4．科学者集団は査読しているか？ | 4-1　対象の研究は論文になっているか？　その論文に査読はあるか？ |
| 5．研究者は信頼できるか？ | 5-1　研究者は対象分野の専門家か？<br>5-2　研究者に実績（査読論文）はあるか？<br>5-3　研究費はどこから出ているのか？ |
| 6．科学ジャーナリストの有無 | 6-1　科学記事編集の専門家（ゲートキーパー）は関わっているのか？ |
| 7．メディアの誇張はないか？ | 7-1　単純化しすぎてないか？<br>7-2　発信者の誇張（話題性，政治や宗教など）はあるか？ |
| 8．あなたに，思い込みや情報の偏りはないか？ | 8-1　自分の考えや好みから影響を受けていないか？（支持政党や宗教も含む）<br>8-2　SNS集団やAIの影響による偏りは考慮したか？ |

＊2・3は第一次評価，4・5は第二次評価になります。

じ趣味・思想の人とつながることができる」コミュニティで，同じような意見を見聞きし続けることによって，自分の意見が増幅・強化されることを「エコーチェンバー」といいます。エコーチェンバーによって，「ワクチン接種はしたくない」から「ワクチン接種は悪だ！」と過激化する事例もあります。

SNSだけでなく，インターネット上では人の好み（検索履歴，購入履歴等）に応じて，個人の関心に最適化された情報をAIが表示します。YouTubeに△△と検索すると，即座に「△△を見ている人はこの動画も見ています」と，関連動画が表示されます。検索サイトの広告も同様です。このような，情報の偏りを「フィルターバブル」といいます。

2021年1月6日，米国連邦議会において大統領選挙の結果を確認する手続きが進められていた途中，トランプ派のデモ隊が乱入するという衝撃的な事件が起こりました。この事件は，SNSのエコーチェンバーやフィルターバブルが影響していると考えられています。

これまでの話を表1にまとめました。まず，「1.情報源はどこか？」を確認し，マスメディアであれば「6.科学ジャーナリストの有無」を確認する。科学ジャーナリストが介在すれば7と8に，そうでない場合は2から順に確認することを想定しています。

## 5 理科教育は何ができるのか

「科学メディアリテラシー」に直接対応する学習は，日本の理科教育には今のところありません。これまでの説明から，実践のヒントを提案します。

「生産」では，二重盲検など実験の手続きを取り上げました。条件制御の学習の発展だと考えてください。測定の精度や比較の方法，サンプルサイズなどは，再現性・実証性・客観性と関連させて意識させることが必要です。1章4で取り上げた「うまくいかなかった実験の考察」は参考になるでしょう。

「伝達」では，メディアの単純化や誇張を取り上げました。科学の成果は限定的で，不確実性を含みます。限定性や不確実性を省き，「すべてに効く薬」と主張する広告は危険です。同じく1章4の「実験の不備」や「不確かさ」を追究する活動は，限定性や不確実性を前提とした活動といえるでしょう。

　「消費」では，無意識に働くバイアスを取り上げました。バイアスの存在や特徴を理解し，自己を批判的に捉えることでバイアスを制御できるとされます。これらは「知的謙虚さ」に関わります。1章2「問題を科学的に解決する力」を参考にしてください。


　「理科教育は何のためにあるのでしょうか？」

　改めて考える機会は少ないですが，本質的な課題です。「不確実な将来を生きるための問題解決能力を身に付けるため」「自然を理解し，生活に生かすため」「未来の科学者を育てるため」「知識を獲得するため」……すべてが正解でしょう。これからは，「科学メディアリテシーの涵養」も必要になります。科学ニュースの適切な読解とよりよい判断や意思決定は，ウェルビーイングに直結するはずです。

　小中学生に対する「科学メディアリテラシー」の教材や指導法はほとんどありません。ぜひ一緒につくり上げていきましょう。

文献
久保田善彦，松峯笑子，舟生日出男，鈴木栄幸（2024）「科学的主張の信頼性を評価するチェックリストの開発と試行」日本科学教育学会『科学教育研究』47（4），印刷中
PISA 2025 Science Framework,
　https://pisa-framework.oecd.org/science-2025/（accessed 2023.10.15）

（久保田善彦）

# おわりに

　本書の企画は，2023年5月に始動しました。構想案の中で，取り上げることができなかった内容の一つに「生成AIの活用」があります。生成AIは，この半年で精度や機能が向上し，教育利用のアイディアも広がりました。授業デザインの示唆を得たり，難解な用語のWebサイトを平易な文章に翻訳させたり，調査の成果をもとにプレゼン用の概念図を出力させたりするなど，学校での活用も試験的に始まっています。デメリットを理解しつつ，効果的に活用することが望まれます。

　これまでの検索エンジンとの違いは「対話」です。生成AIと上手に対話することによって，目的に合ったアウトプットが得られます。つまり，これからの対話の相手は，人間とは限らないということです。話し相手によって口調を変えるように，利用するAIに合った口調で対話するのです。これは，子どもたちが身に付けるべき力の一つになるでしょう。

　本書は，これからの理科教育の方向性を示し，授業改善の手がかりにしていただくことを目的としています。手がかりは見つかったでしょうか。生成AIの台頭のように，世界はめまぐるしく変化しています。しかし，方向性を見誤らなければ，その変化を柔軟に受け入れた授業改善が可能です。変化に身構えるのでなく，楽しみながら授業をデザインしましょう。

　最後に，本書の構想から構成，編集と多岐にわたりご尽力いただいた，東洋館出版社の上野絵美様に感謝申し上げます。

2023年11月　久保田善彦

編著者紹介

# 久保田善彦
玉川大学教育学研究科教授

---

茨城県生まれ。東京学芸大学大学院修士課程修了後，茨城県公立小学校教諭および公立中学校理科教諭として15年あまり勤務。傍ら，上越教育大学大学院修士課程，兵庫教育大学大学院連合大学院博士課程を修了。上越教育大学教職大学院，連合大学院博士課程，宇都宮大学教職大学院を経て現職。

科学概念の変容と授業デザイン，ARやVRなど先進技術を利用した教材開発，教科教育全般の授業改善やカリキュラム・マネジメントの研究を行っている。また，小学校，中学校，高等学校，教育委員会等の多くの研修に関わる。文部科学省学校DX戦略アドバイザー，一般社団法人日本理科教育学会会長などを務める。

著書に，『理論と実践をつなぐ理科教育学研究の展開』（東洋館出版社，2022），『テンプレートでわかる算数・理科のクラウド活用』（東洋館出版社，2021），『GIGAスクールで実現する新しい学び』（東京書籍，2021），『これならできる小学校教科でのプログラミング教育』（東京書籍，2018）などがある。

執筆者一覧　　※掲載順、所属は令和5年11月現在。

| | |
|---|---|
| **久保田善彦** | 前掲 |
| **山中謙司** | 北海道教育大学旭川校准教授 |
| **川崎弘作** | 岡山大学学術研究院教育学域准教授 |
| **渡辺理文** | 東京学芸大学教育学部准教授 |
| **辻　　健** | 筑波大学附属小学校教諭 |
| **久坂哲也** | 岩手大学教育学部准教授 |
| **中島雅子** | 埼玉大学教育学部准教授 |
| **八嶋真理子** | 玉川大学教師教育リサーチセンター客員教授 |
| **鳴川哲也** | 福島大学人間発達文化学類准教授 |
| **北澤　　武** | 東京学芸大学大学院教育学研究科教授 |
| **小川博士** | 白鷗大学教育学部准教授 |
| **手島利夫** | ESD・SDGs推進研究室代表／江東区立八名川小学校元校長 |
| **稲田結美** | 日本体育大学児童スポーツ教育学部教授 |

## カスタマーレビュー募集

本書をお読みになった感想
を下記サイトにお寄せくだ
さい。レビューいただいた
方には特典がございます。

https://www.toyokan.co.jp/products/5386

# これからの理科教育は
# どうあるべきか

2023(令和5)年12月27日　初版第1刷発行

編著者：久保田善彦
発行者：錦織圭之介
発行所：株式会社　東洋館出版社
　　　　〒101-0054　東京都千代田区神田錦町2丁目9番1号
　　　　　　　　　　コンフォール安田ビル2階
　　　代　表　電話03-6778-4343
　　　営業部　電話03-6778-7278
　　　振　替　00180-7-96823
　　　U R L　https://www.toyokan.co.jp

装　幀　水戸部 功
本文デザイン・組版　株式会社明昌堂
印刷・製本　株式会社シナノ

ISBN978-4-491-05386-8　　　　　　　　　　Printed in Japan